日常性批判

シュッツ・ガーフィンケル・フーコー

山田富秋

せりか書房

日常性批判——シュッツ・ガーフィンケル・フーコー　目次

まえがき　7
第一章　コミュニケーションの不可能性と権力現象　15
第二章　シュッツの科学批判とエスノメソドロジー　37
第三章　「個性原理」と対話的コミュニケーション　65
第四章　批判実践としてのエスノメソドロジー　85
第五章　差別現象のエスノメソドロジー　109

第六章　司法場面における「権力作用」　133
第七章　「妄想」の語られ方――精神医療の言説編成　161
注　181
あとがき　201
参考文献　*4*
索引　*1*

日常性批判——シュッツ・ガーフィンケル・フーコー

まえがき

　昨年（一九九九年）の暮れ、長野県のある精神障害者の共同住居へ調査にうかがった。そこは一般的な「障害者の施設」らしくないところだということを聞いて、何かの機会に一度訪れたいと考えていた。私たちが訪問したのは、ちょうどクリスマス会が催される二三日前だったので、幸いにもいろいろなお手伝いにまわる機会を与えられ、じゃまな闖入者役割に甘んじることだけは避けられた。私はからあげを揚げるのを手伝ったり、近くの公民館のパーティ会場を飾り付けたりするのを手伝っているうちに、一般的な共同住居と違ったところを発見し意外に思った。

　ひとつは共同住居の運営スタッフも近所の常連のボランティアも、入所者を「メンバー」と呼んでいることだ。もう一つは、後からわかったことだが、忙しく働いている人たちの中心に、入所者である精神障害者の人たちもかなり混じっていたことだ。もちろん、退院してからまだ自分の調子がつかめない人たちは、すぐに他のボランティアと見分けがつくのだが、見分けのつかない人たちもいた。また、障害者の共同住居や作業所というのは、障害者の家族によって設立・運営されるのがふつうだから、家族の出番が何かにつけて多いものだ。ところが、ここでは家族は一度もでてこないのである。不思議に思った私は、運営している人にそのことを聞くと「家族も忙しいから、でてこれないことはわかっている。何でも呼び出したりしたら、大変でしょ」という返事が返ってきた。そしてクリスマス会当日には、入所者の家族関係者はたった一人しか来ていなかったという。そしてそれとは対照的に、町内会長をはじめ地域社会のさまざまな団体がパーティで主役を務めていたのである。

私たちはこの共同住居の運営において中心的な役割を担われている二人の方に長時間お話をうかがう機会を得た。運営していてどんな状態ですかと聞くと「いつもパニックです」「先のことを考えていたら、何にもできないから、その場その場で考えるんです。すると不思議になんとかかいく」という答えが返ってきた。しかしながら、共同住居での日常は、このことばから連想されるような「いいかげんさ」はみじんも感じられない。むしろ、入所者の表現や行動ひとつひとつをないがしろにせず、それに誠実に答ようとする緊張感が感じられるのである。それは一定の決まりを入所者に押しつけることによって、ルーティンな業務をこなしていくような障害者施設には感じることのできない雰囲気だ。またこれとは反対に、何でも自由で許されるといった弛緩した雰囲気ともまったくちがっていた。

長野から帰ってきた私は、そこで過ごしたわずかな体験がどのような意味をもっていたのかなんとか言語化しようとした。彼らがこの共同住居を地域でスタートさせるとき、精神障害に対する偏見から地域で反対運動が起こるのではないかと恐れたそうだ。しかし彼らは反対運動の逆を行くことを思いついたという。それは精神障害者の共同住居建設の賛成署名をすることだった。彼らが一番緊張したのはその署名を集めるために、一戸一戸のドアを叩く瞬間だったという。ところが彼らの努力は現実に実を結び、いまでは地域社会の人々が中心的役割を果たしている。考えてみると、この共同住居の試みは、常識を裏切る試みでもある。退院した精神障害者は、社会のメンバーとして快く受け入れられるどころか、何かにつけて忌避される存在だ。それを最初から「メンバー」として呼ぶというのは、周囲の社会の排除に対して抵抗する実践とも考えられる。また、最初から家族関係者だけで閉じられた関係をつくらない決断をしたことも、ふつうとはちがっている。

そして重要なことは、常識から予測されることを先取りするのではなく、その場その場で状況に即して対応することをモットーにしていることだろう。行動することによって常識では予測することもできなかった意外な展開もありうるのだ。そしてそれは「いいかげん」なことではなく、常識の予測を超えた「他者」の行為に対して責任をもって答えることでもある。というのも、最初から何らかの常識的決まりを押しつけることは簡単であり、それは相手の行動をあらかじめ封じることにつながっていく。ところが、それをなくしたとたんに、相手に応答するためには、相手のつぎの行動を慎重に観察せざるをえなくなるからだ。それはバフチンのいう「応答責任」が生じる瞬間であり、そこでこそ「支配」ではなく、他者との「対話」が可能になる。

私が本書で展開したいテーマはまさにこれである。ふつうは常識の解剖学と理解されているエスノメソドロジーを、その反対に、常識批判として構築しなおすことである。私たちは常識をうまく使いながら、なんとか社会をわたっていくことができる。これは驚嘆すべき私たちの能力にちがいない。ところが、万能薬であるかのような常識が、まさにいつでもどこでも使えるという理由で、私たちの行動を束縛してしまうのだ。それは了解しあえる世界から突然放り出された、カフカの主人公の直面した状況である。第一章で述べるように、カフカの主人公は、ある意味ではあまりにも常識に頼りすぎたために、現実を打開することができなくなってしまった。ところが、もし常識に頼らずに、その場その場の現実にすなおに対応していけば、状況は何らかの仕方で開かれるのである。なぜなら、つぎに何が起こるかは予測不可能だからだ。

このことをもっとポリティカルに考えれば、私たちが常識を自由に使えるということは、私たちが常識の支配下にあるということを意味する。そして常識の支配下にあるかぎり、私たちは自分の行為に責任をとっているように見えて、実は無責任だと言える。なぜなら私たちは常識に指示された一般的状況に、やはり一般的に対応しているだけなのだから。そこでは、個人的な責任は生まれようがない。それではいつ責任が生まれるのだろうか。それは、私たちの常識が相手には通じないというカフカの状況においてである。それは他者性の出現する瞬間と言い換えてもよい。その意味ではカフカの状況は悲劇ではなく、希望の端緒である。そしてそこで初めて、私たちの行為に答える「他者」が存在するようになる。

私はここからエスノメソドロジーを出発させたい。それはコミュニケーションの同質性を前提にしたエスノメソドロジーではなく、コミュニケーションの不可能性から出発するエスノメソドロジーである。それはメンバーにとってのアカウンタビリティ（説明可能性）を問題にするのではなく、アカウンタビリティ自体が隠蔽し排除している「他者」を問題にする。それをラディカル・アカウンタビリティと呼んでもいいだろう。これは常識を当該状況においてポリティカルに批判する道具としてエスノメソドロジーを位置づけなおすことになる。

そこから第二章において、エスノメソドロジーの直接の知的源泉であるシュッツを位置づけなおそう。というのも、現在の英米のエスノメソドロジストたちは不当にもシュッツを超越論的現象学者として位置づける傾向にあるからだ。彼らはシュッツを独我論的な側面だけに基づいて解釈することによって、意識による現実の構成（ノエシス）を直接エスノメソドロジーの研究方針に結びつけようとするきわめて狭隘な方向を選択してしまっている。むしろ、シュッツの重要性はこの方向とまったく反対のところにある。それは、「よそもの」論に表現されているように、超越論的な独我論を脱して、具体的で実践的な行為を勇気をもってあえて冒険してみることの、「対話」的・政治的意味を理論的に提示したことである。

このようにシュッツを再解釈していくと、第三章で見るように現在のガーフィンケル自身の立場も批判せざるをえなくなる。それは彼の最近の「独特（ユニーク）な様式への適合性要件」や「個性原理」を記述する方針である。なぜならこの方針は「この私」が出会う「この現象」の一回性というユニークさを、「個性原理」の記述という非「対話」的記述にすり替えてしまう危険性を持っているからだ。そしてこの方針はシュッツの言う「受動的認識」にあてはまるかぎりでは、パーソンズの理論と同じだ。それは現象のユニークさを消し去り、そこに何でも代入することができる一般化可能な装置やメンバーの方法を抽出する研究になってしまう。この研究から生み出されるのは、啓蒙主義的な「理性」や「真理」に類似した言説だろう。そして、コミュニケーションがいつでもどこでも可能だという、いわばコミュニケーションの普遍性に依拠することは、不協和音をかもしだす「他者」を消去する政治的実践に加担することになるのではなかろうか。

こうして「批判＝クリティーク」としてのエスノメソドロジーをシュッツから準備したあ

とで、第四章においてエスノメソドロジーの歴史的な展開のなかにそれを論理的に跡づけていこう。それからこれまで日本でなされてきた批判実践としてのエスノメソドロジーの具体的な研究をレビューすることにしよう。そして第五章において、「対話」の可能性が排除されている日常性の支配の問題を、差別問題に対するエスノメソドロジーの貢献を通して明らかにしたい。そこでは常識が「共有された知識」として差別者も被差別者も傍観者も同じひとつの状況に組み込んでいく事態が明らかにされる。それから第六章と第七章において、一見固定しているかに見える常識の支配という状況を、フーコーとエスノメソドロジーをつなぐエスノグラフィーを通して解体しよう。これを通して、客観的現実は私たちの協働の実践から成り立っている流動的なものとして見えてくる。まず第六章では、家庭裁判所の調査官面接を取り上げる。そこでは司法という制度によって正当化された「中立性」が、面接過程における説得や非難といった複雑な操作を通して達成されていることを明らかにする。それは当該状況の言説編成を通して達成される権力作用である。最後に第七章では精神科の診断場面を取り上げる。ここでは「妄想」が医学的なカテゴリーとして抽出されていくプロセスを解剖する。それは、精神医療の専門家による支配がローカルな状況において達成される過程でもある。もし私たちがこの精神医療の場面しか見ないとしたら、精神医学という権力から逃れることはできないように見える。ところが診断場面だけでなく、「妄想」が語られる他のさまざまな場面を引き合いに出すことによって、精神医療とは異なった言説編成の可能性をかいま見ることができるのである。以上がこの本の流れである。

私が本書で行おうとするのは社会的世界の中に、普遍性ではなく個別性を読み取っていく試みである。そしてそれは常識によってあらかじめ先取りされた未来にではなく、むしろ「いま、ここ」へと勇気をもって踏み出そうとする試みである。なぜなら私たちの準拠する場所は、人々が日常の中で具体的に、そして時間の経過の中で、相互行為する場面にしかありえないからだ。そして、この私がさまざまな「この現象」と出会うこと、また、それによって代替不可能な「他者」を理解すること、それは神秘的なことであるが、同時に「いま、ここ」で起こっている現実なのだ。

第一章　コミュニケーションの不可能性と権力現象

掟の門前に門番が立っていた。そこへ田舎から一人の男がやって来て、入れてくれ、と言った。今はだめだ、と門番は言った。男は思案した。今はだめだとしても、あとでならいいのか、とたずねた。

「たぶんな。とにかく今はだめだ」と、門番は答えた。

掟の門はいつもどおり開いたままだった。門番が脇へよったので男は中をのぞきこんだ。これをみて門番は笑った。

「そんなに入りたいのなら、おれにかまわず入るがいい。しかし言っとくが、おれはこのとおりの力持ちだ。それでもほんの下っぱで、中に入ると部屋ごとに一人ずつ、順ぐりにすごいのがいる。このおれにしても三番目の番人をみただけで、すくみあがってしまうほどだ」

こんなに厄介だとは思わなかった。掟の門は誰にもひらかれているはずだと男は思った。しかし、毛皮のマントを身につけた門番の、その大きな尖り鼻と、ひょろひょろはえた黒くて長い蒙古髯をみていると、おとなしく待っている方がよさそうだった。(カフカ「掟の門」)

カフカ問題

田舎から一人の男がやってきて、掟の門前に立ち、門番に入れてくれと頼む。すると門番は「今はだめだ」とだけ言う。「あとでならいいのか」と、その男が聞くと「たぶんな。とにかく今はだめだ」と言う。しかし掟の門はいつも開いたままで、男が中をのぞきこむと「そんなに入りたいのなら、おれにかまわず入るがいい」と門番に言われる。しかし門番は自分は力持ちで、中に入るともっと力持ちの門番が部屋ごとにいると付け加える。このことばに恐れをなした男は、掟の門前でおとなしく待っていた方がいいと思いこむ。カフカの有名な「掟の門」の冒頭である。そしてこのあと、物語はこの男が衰弱するまでその門番の傍らにすわり続け、そしてとうとう死んでしまったことを目撃する。しかしこの物語の重要なところは、彼が死ぬ間際に、どうして自分以外の誰一人として中に入れてくれといってこなかったのかと聞くことだ。門番は彼の問いに答えて「この門は、おまえひとりのためのものだった」と言い、物語は終わる。

田舎からきた男は、門は万人に開かれているはずだということを当然のように期待していた。さらにまた、門番に入ってもいいと言われながら、彼はそれをしなかった。なぜなら、門番の脅し文句の助けもあって、見た目にも屈強な門番が、入るのをじゃまするはずだと思いこんでいたからだ。ところが最後に意外なことがわかる。それは、門が彼一人のものであったということだ。もし事実そうであったなら、どんなことがそこから帰結するのだろうか。それは彼が門番とのあいだで共有していると思いこんでいた合意が、最初から成立していなかった可能性である。というのも、もし門がこの男だけのためのものだったとしたら、ふつうは誰にでも開かれている「門」というものについての常識的知識が、ここではまったく通用しなくなるからだ。門番の最後のことばによって、常識が停止してしまったのである。そしてそれ以降は、何が起こるか予測不可能になり、とにかく行動を起こさなければ、結果として生起することもわからなくなるのである。つまり、門は誰にでも開かれた公共のものではなかったのだから、この門番が実際にじゃまをするかどうか、あるいは、この門番以外にほかにも門番がいるのかどうかも疑わしくなるのだ。

私がカフカの短編から筆を起こしたのは、それがエスノメソドロジーの指導者であるガーフィンケルとサックスの提起した問題群と重なるように思えるからだ。一般的にエスノメソドロジーは人々の常識的推論の状況的協働を読み解いていく研究だと受け取られている。ところが、ふつうは自明視され、背景に退いている常識的推論が主題として前景に出現するのは、それがまさに問題化されるときである。それはカフカのこの作品のように、通常の常識がうまく働かず、むりやり停止させられるときである。その状況を「コミュニケーションの不可能性」が出現する場面と呼ぼう。私はエスノメソドロジーが、常識の円滑な運用場面ではなく、まさにこの「コミュニケーションの不可能性」という場面から出現するさまざまな問題群に向けられていると考える。「掟の門」の主人公は死ぬ直前まで門番とコミュニケーションが成立していると思いこんでいた。しかし、それは死ぬ間際の門番の答えによって瓦解してしまうのである。こうして、誰にでも通じるはずだと思っていた常識が通じないとき、カフカの結末は一見悲劇的なものに見える。しかしながら、それはよく考えてみれば、主人公の引き起こした悲劇でもある。なぜなら、主人公は実際に行動することによって何が起こるか確かめもせずに、自分の思いこんだ常識が通用することを確信していたからだ。だとしたら、この物語は悲劇でも何でもなく、むしろ希望を導くものだとも考えられる。というのも、そもそも常識が通用しないのだから、やってみる以外に方途はなく、もし思い切って門に入っていたら、案外楽に入れたかもしれないのだから。

こうして、コミュニケーションの不可能性と名づけた現象が悲劇などではなく、さまざまな行為の選択肢を開いていく可能性を持った希望であることが明らかになった。「掟の門」の悲劇性とは、この主人公が門番の言ったことや外見から、将来の行為の限られた選択肢を有能なまでに読みとってしまい、そこへ自らを呪縛していったことにある。[2] 主人公は自分があたりまえだと思ったこと、つまり主人公の「常識」が誰にでも通用することを当然のこととし、この信念に忠実に従ったのである。ガーフィンケルは、この主人公の態度が私たち日常生活者に一般的に見られる態度であるとする。そしてある社会集団において通用している常識を疑問なく受け入れ、それに忠誠を尽くす人々のことを「誠実な集合体メンバー(bona-fide collectivity member)」と呼んだ。この主人公は常識に忠実なメンバーとして振る舞うことによって、可変的な現実に対応する判断力を喪失してしまったのである。そしてこれはガーフィンケルが「判断力喪失者」として表現した問題である。[3]

ところで私たちは常識に依存せずに生活することができるだろうか。シュッツが明らかにしたように、それは不可能なことである。いやむしろ私たちは常識が通用する（はずの）言語コミュニティのメンバーであることによって、「いま、ここ」のローカルな社会的場面を、状況に即して瞬時に「見て言う(looking-and-telling)」ことで、適切に説明できる（アカウンタブル accountable）すばらしい能力を持っている。それがメンバーとしてのコンピタンス

（能力）である。ところがカフカの主人公が提起する問題は、この自然言語の運用能力と一体化したメンバーのコンピタンスが、他方でルールに従って生きるしか道がないと思いこむ「判断力喪失者」の状態をもたらす危険性があるということだ。つまり判断力喪失者は「繰り返し可能で、標準化された」社会構造を、実際の行為を起こす前から先取りしているのである。私たちが「判断力喪失者」にならないよう忠告するガーフィンケルは、不思議なことに「掟の門」の主人公に向けて言っているように見えるので、引用することにしよう。

(a)社会の成員は、規則に従って行為することもしないこともできるような状況において、先行きの不安を感じてしまい、そのような状況に立ち向かってゆくことはもちろんのこと、そのような状況を成り行きにまかせておくこともできないと、自ら実際に語ったりする。だから社会の成員を規則により制御されているだけの者として描いてしまうことになる。(b)成員たちにとって、このような不安を克服していくことが、実践的にも理論的にも重要であるのにもかかわらず、この事実を見過ごしてしまう場合には、社会の成員は、判断力喪失者として扱われることになる。[4]

私がこれからこの本全体を通して問題にしていきたいことがここにある。それはコミュニケーションの不可能性から出発することによって、一見コミュニケーションが通じてしまう事態の背後に隠されている「判断力喪失者」の問題を追求することである。「判断力喪失者」の問題とは、カフカの主人公の悲劇に象徴的に表れていたように、自分の有能な常識の働きによって、未来の行為の選択肢を先取りしてしまい、それに閉じこめられてしまうという問題である。この状況を政治学的に表現するなら、常識の支配下にある状態と言うことができる。なぜなら、人々は自ら進んで「規則」のコントロールの下に入るからだ。そして人々が常識を自明のものとするかぎり、自らがコントロールされていることに気づかない。ここには日常世界の自明性のもつ権力性がある。だが、日常世界があたりまえのものとして現れるかぎり、その権力性は隠されている。皮肉なことに、自明性がなんらかのほころびを見せたときにしか、それは捉えられない。

カフカの主人公が死ぬ間際にかいま見たように、門番という常識を共有しない他者との非対称的なコミュニケーションが成立した瞬間に、自明性がほころび、常識の呪縛という悲劇が出現した。しかしそれは、常識の呪縛という、いわばモノローグの状況を突き破る希望の瞬間でもあった。まとめよう。ここには、常識による支配の問題、メンバーの常識が作り出す表面的には対称的なコミュニケーションの問題、そしてそこから帰結する権力の問題がある。そしてこの問題群に対応して、常識を共有しない他者との対話の問題、非対称的なコミユニケーションの問題、そして権力の脱構築という問題がこれから本書を通底するキーノートとして鳴り響いていくだろう。さて、そもそもカフカに注目して、コミュニケーションの不可能性を「カフカ問題」と名づけたのはサックスである。つぎにサックスの議論をたどることによって、この問題のさらに別な側面を明らかにしよう。

常識のモノローグ性

サックスの問いの立て方はいつもラディカルだ。彼は私たちのあいだで常識が通用する仕方それ自体を問題にするのである。サックスによれば、なぜ常識が通用するのかと言えば、私たちが社会化の過程において自分の行動や他者の行動を「観察可能」にする方法的手続きを学ぶからだという。そのことを「観察可能性(observability)」の問題と表現する。彼は二十世紀初頭の世界精神分析学会での、ある精神科医とフロイトとの問答をきっかけとして、この「観察可能性」について考えていく。[5] この精神科医は自分の患者に「私の考えていることがわかっているくせに、どうして質問するのか」と問いつめられ、その返答に窮したという。そして学会に出席していたフロイトに、なぜ分裂病者は自分の考えを人に知られてしまうと考えるのかとたずねた。フロイトは予想されるような精神病理学的分析をするかわりに、私たちの常識をひっくりかえすような答えをしたという。つまり「問題はなぜ自分の考えが他人に知られてしまうと思うのかということではなく、他人が自分の考えを知らないなどと人はなぜ深く信じるようになったのかということだ」というのが返事だ。フロイトのことばをその通りに理解すれば、私たちは他人の考えが手に取るようにわかる、すなわち、他人の心が観察可能（observable）だということだ。だとしたら、分裂病者がおかしいのではなく、他人の心理がわからないと信じ込む方がおかしいことになる。

サックスはフロイトの答えに触発されて、人間の社会化の道筋として、私たちの心理が互いに観察可能であるということが最初にくると主張する。たとえば親が子どもに「お風呂に入ったの？」と聞くとき、たとえ子どもが「うん」と答えたとしても、子どもの返答の仕方や状況を読んで、それがうそか本当であるかを見事に言い当てる。つまり、親は風呂に入った現場に居合わせなくても、子どもの言うことが真実かどうか「観察可能」なのである。

では、ある社会的活動が観察可能になるのはどうしてだろうか。サックスによればその一つの方法は、さまざまな活動が一定の規則に従ってなされていることを理解することによってである。たとえば、ある活動と別な活動とが時間的に前後関係にあるとわかったり（たとえば、机を壊して、直したといった二つの活動がこの順番にくること。もし、記述の順番が逆になれば、机を直して、また壊したというようになるだろう）、ある観察された活動がどういったカテゴリーに属し、それからどういったことが推論されるのかわかれば、当該の社会的活動は観察可能になる。そして当該社会のメンバーとして社会化されるということは、さまざまな社会的活動を観察できるような、行為の生起順番（シークェンス）の予測能力を持つことを意味する。逆に言えば、メンバーは自分の行為を他者に観察できるように、行為の順番を組み立てることができる。ガーフィンケルの研究指針の言い回しを借りれば、メンバーにとって日常世界の環境は「観察可能であり、報告可能」つまり「説明可能」である。この結論を一般化すれば、前節の主張と重なっていく。つまり、私たちが当該文化の自然言語の習得者（＝メンバー）である限り、人々の行為や表現はメンバーとしてすぐに理解できる。それは、人々が自分たちの行為を観察可能な仕方で組み立てるからであり、それを見た人々もそれを何らかの記述を通して報告することができるからである。

このことを最初の分裂病者の訴えにもどって考えてみよう。もし、心理現象がだれにでも観察できる現象だとすれば、一般的に流布している「自分の考えが人に伝わらない」という信念は非常に特殊なものと言えないだろうか。サックスによればそのとおりであり、それは何らかの訓練を経て初めて手に入るものである。その訓練とは「うそ」や「ごまかし」の技術である。たとえば、歯磨きをしたくない子どもは洗面所へ行って口のまわりに歯磨き粉をつけてくることで、大人に歯磨きをしたと思わせてごまかすことができる。つまり、ここでも人の外見から当人の活動が観察可能になるということを利用（悪用）して「うそ」や「ごまかし」が達成されるのである。これはある時に成功した技術も次には使えなくなってしまうような非常に微妙な技術であり、実際子どもの遊びの中にはこの技術の訓練とでも思えるような遊びがある。例えば子どもたちが一列にならんで、次々とボタンを手渡しする中で誰にボタンが渡ったかを当てるゲームがそれで、自分にボタンが渡ってきて止まっても、自分には来てないふりをしなければならない。あるいは実際には持っていない子どもも自分が持っているようにごまかすこともできる。[6] こうしてサックスは「成員にとって、さまざまな活動は観察可能である。彼らは活動を理解する。たとえば、人々が親しくするのを見たり、うそをつくのをみたり、などなどだ。……したがって、この意味でわれわれの仕事は行動主義者の仕事である。つまり、人々は他者がそう理解するような活動のセットをどうやって作り出すことができるのだろうか、ということを見つけることである」[7]と結論づける。

ここで「観察可能性」という原理に基づいて、実践的行為の形式的構造を抽出する作業が、エスノメソドロジーの中心的な仕事として確立したかに見える。[8] しかしながらまさにこの局面で、サックスは「観察可能性」の背後にある暗黒面について考えをめぐらしていく。彼によれば、ある行動について確信を持った予測が可能だという事は、同時に旧約聖書に描かれたヨブの窮地や、カフカがさまざまな作品を通じて描き出そうとした不条理を引き起こすという。それは観察された行動によって、ある確定した行為の予測が社会的・公共的に可能になるにもかかわらず、その当人は自分に帰属された行動や意味をまったく理解できないという状況である。つまり、公共的に手に入るカテゴリー化の知識のおかげで、私たちはある限定されたしかじかの行動や思考内容を当該の人物に帰属できる。にもかかわらず、そのように帰属された当人はそれを否定するか、それ自体を理解できない状態に陥るのである。[9]

前節で説明したカフカ問題は、常識の円滑な運用が逆にメンバーを呪縛してしまうことだった。しかしここでサックスが問題にしているのは、むしろその反対の状況である。つまり、人々の常識が自分にとっては不条理に転化する状況である。たとえばある日突然自分が昆虫に変身してしまうといったことが実際に起こったとしよう。カフカの作品の中では、息子であるグレゴールが昆虫に変身しても、家族は何とか努力して彼とつきあおうとする。しかし最終的に「あたしたちがいつまでもそんなふうに信じこんできたってことが、本当はあたしたちの不幸だったんだわ。だっていったいどうしてこれがグレゴールだというの」と妹に宣告されてしまう。[10] こうして変身という現象は、そもそも起こりうる可能性自体から排除されてしまうのである。これは、自明視された常識の呪縛という最初の論点に、もう一つの論点を付け加える。それは常識がそれと異質なものを排除するモノローグ性を持つということだ。そして「掟の門」との共通性は、どちらの場合も常識の自明性のほころびに立ち会っているということだ。

サックスは言う。この世界ではそもそも説明がつく出来事は起こったと見なされるが、説明のつかない出来事は最初から起こったこととは認められないのだ、と。たとえ本当に起こったことであっても、うまく説明のつかない出来事であれば、だれもそれが現実に起こったとは信じないのである。このことは何を意味するのだろうか。それは自然言語というコミュニティが外部を持たないことを意味するのではないだろうか。つまり、ある文化の中で「見て、「言う」」説明実践に携わっているメンバーは、その説明実践が通じない他者を排除した、壮大なモノローグ世界を共謀して捏造しているとも言えるだろう。

モノローグの政治性

常識のモノローグ性をさらに考えていくために、ガーフィンケルの違背実験の一つが役に立つ。それは被験者に対して新しく考案されたと偽って、カウンセリングを行う実験である。これは「はい」と「いいえ」の答えをあらかじめランダムな順番に揃えておいて、それとは知らせずに、被験者に「はい」か「いいえ」で答えられる疑問形の相談内容を質問させ、これに対して準備した答えをつぎつぎと機械的に与えていくものである。常識的に考えれば、でたらめな順番に並んだ答えを示されても、被験者の問いとかみ合うはずがないと思われる。しかしながら実際には、被験者は実に見事に、与えられた答えと自分の相談内容とをその場その場で照合させていった。つまり、被験者はカウンセラーの「はい」や「いいえ」に、単なる文字を読み上げる行為ではなく、自分の問いかけに対するまじめで配慮ある答えを読みとっていったのである。当然のことながら、実験後の被験者の反応は、カウンセラーに対する深い感謝であった。[11]

この実験から得られた結果とカフカ問題を重ねて考えていけば、非常にラディカルな結論が導き出される。つまり、被験者は本来なら意味を読みとることができないはずのランダムな答えに、カウンセラーの意図ばかりか、自分を巻き込んだ社会的状況に対する間主観的な意味（社会構造についての常識的知識）を見いだしたのである。なぜ被験者のモノローグ的な世界が出現するかわりに、カウンセラーがまじめに応対してくれた（はずの）間主観的な社会的世界が出現したのだろうか。「はい」と「いいえ」が乱数表によって適当に取り出されていた以上、そこに被験者とカウンセラーの共同作業や協力を想定することは不可能である。だとしたら、被験者はたった一人で間主観的な「社会的世界」をでっちあげたのである。つまり、私たちは自然言語に習熟している限り、たった一人であっても社会的世界を作り上げることができる。しかしたった一人だけに属する「社会的世界」とは語義矛盾ではないのか。

もちろんそうだ。ここで被験者に現出した社会的世界は、カフカの主人公たちが体験した世界まであと一歩である。つまりカウンセラーを別室に置いたガーフィンケルの実験装置のおかげて、被験者は自らのモノローグ世界が社会的世界だと信じていられた。それは彼の常識に対する深い信頼に依拠している。ところが、もし彼がカウンセラーの答えが乱数表によって自動的になされたものであることを知ったら、どうなるだろうか。おそらく、被験者は常識の自明性がほころぶ瞬間に立ち会わざるをえなくなるだろう。それはカフカの主人公たちが経験したことである。この実験でガーフィンケルは、常識から間主観性を剥ぎ取って、それが被験者のモノローグ世界であることを暴露してしまうのである。

こうして、カフカ問題の構図は、一見対称的に見える常識的コミュニケーションが、実際には非対称的な関係性を隠蔽していることを明らかにする。それは常識による支配を生み出し、常識から逸脱したものを排除する。そして常識による排除と隠蔽が私たちの身近で起こっているのは、差別という現象であると思う。つまり、自然言語に習熟し、常識を自明視している者は、常識に浸透した差別を意識しないし、差別しても何の疑いもためらいも感じないだろう。しかし、その差別の向かう対象である被差別カテゴリーに属する者にとっては、それは意識化されざるをえないし、耐えがたい不条理として出現する。ここには常識を共有しなければ、社会的世界から追放されるという恐るべき非対称性がある。だとしたら、カフカ問題は一つの権力現象として捉えなおすことができないだろうか。つまり、私がここで問題にしたい現象とは、常識に基づいて行為のさまざまな可能性を限定していくような「権力」現象である。このような権力現象は常識に根ざしているために、非対称的な働き方をする。なぜなら、一方には自明視された常識や「規範」になんの問題もなく自動的に信頼を置くことができるメンバーがおり、他方にはメンバーになることが不可能であったり、常にメンバーシップを脅かされる人々のカテゴリーが存在するからだ。常識が自明性をもつ支配的な文化として君臨するかぎり、常識による排除はそれぞれの状況において、でたらめに組織され、そのため不可視にとどまる。

通常の権力現象であれば、権力の被害にあっている当事者は、何らかの抗議の手段をもっているはずである。しかし、自明視された常識を土台とした権力は、当事者たちから抗議の可能性を奪い、しかも、その状況から退出することもできない、まさに「出口なし」の状況を構築するのである。これこそカフカの主人公たちが直面した窮地ではないだろうか。そしてこれを自明性を土台として働く「権力」現象として捉えることができる。もちろん、このような「権力」現象は従来の権力現象とかなり異なったものである。たとえばそれは、ある個人の利害を他者の反対を押さえつけて強制する権力ではないし、マクロな国家権力でもない。むしろ、メンバーが絶えず協働で産出しているにもかかわらず、それが自明であるために「自然な社会構造」として転倒して構築され、その結果、メンバーに対して道徳的拘束力を及ぼすような「権力」である。さらにまた、メンバーが自明視された常識を協働で遂行することによって、自らもその権力の編成にその場その場で巻き込まれていく「微細な権力」である。

このような権力現象を中心的テーマにしてきたのは、言うまでもなくミシェル・フーコーである。こうして、私が考えるエスノメソドロジーは必然的にフーコーと結びついていく。彼にとって、権力の根本的な問題は「行為の可能性を導き、その結果生じる出来事を整序する」「統制(gouvernement)」である。「統制」は「個々人や集団の行為に進むべき方向を指導する。(中略)この意味で『統制する』とは、他者の行為の潜在的可能性の地平を構造化すること」[12]である。フーコーはこうした権力概念を従来のそれと区別するために「権力作用(power effects)」と呼ぶ。私がすでに別なところで述べてきたように[13]、この権力形式はガーフィンケルの言う「判断力喪失者(judgemental dope)」に対応するだろう。つまり、内集団のメンバーは判断力喪失者として自明視された常識に「誠実な成員(bona-fide-member)」としてふるまおうとするのである。その結果、これまでと同じような社会秩序が内部から再生産されることになる。そして、そこから生まれるカフカの主人公たちの窮地は、そもそも生起したという可能性からも排除されていくことになる。それはメンバーにとって、最初からなかったことなのである。

ポルナーが内生的リフレクシヴィティを批判して、その「外部」を視野におさめようとするラディカル・リフレクシヴィティを唱えたように、「誠実なメンバー」＝「判断力喪失者」を産出する「説明可能性」としてのアカウンタビリティを再考する必要がある。なぜなら、ここでいう説明可能性とは、同じ自然言語を共有するメンバーに対する説明責任を意味するからだ。それは基本的にモノローグ的な共同体に対する責任である。つまり言語ゲームを共有しない他者を最初から排除しているのだ。私がここで提示したいのは、メンバーに対する説明責任ではなく、バフチン的な表現を使えば、「他者に対する応答責任」とでも言うべき概念である。それをラディカル・アカウンタビリティと名づけてもいいだろう。そして偶然の一致だが、ナラティヴ・セラピーの中でホワイトは、他者に対する応答責任を「アカウンタビリティ」という用語で実践しようとしている。それは、支配的文化の「権力の慣習的実践（practices of power）」との共犯を拒否することである。セラピストとして彼は、アカウンタビリティの実践とは何かと聞かれてつぎのように答える。

暴力をふるい続ける男性に会う時、私には彼らを逸脱者と見なす資格などないのです。

彼らを逸脱者と見なしたり「赤の他人」と決めつけたりすれば、私は彼らの暴力が攻撃性や支配、そして征服を尊ぶこの文化における男性のドミナントな在り方や考え方と結びついていることを曖昧にすることになるのです。彼らを逸脱者と見なせば、私はひとりの男性として、この手のドミナントな在り方や考え方の再生産に自分が共犯している、そのやり口に直面せずにすむでしょう。[14]

つまり、ホワイトの立場は、支配的文化を「誠実なメンバー」のひとりとして自動的に再生産していることの責任を自覚し、自らがその共犯者であることを問題化し、それに対抗する足場を作りだそうとすることである。それは、メンバー性をずらしたり、相対化しながら、それを超えて捉えようとする、ひとつの批判実践（クリティーク）と呼ぶことができるだろう。[15]

批判実践としてのエスノグラフィー

ここからどのような研究方針が導かれるだろうか。それは批判実践としてのエスノメソドロジーである。だが、私の言いたいことが誤解されることのないように、このことをもう少し明確にしたい。それは差別問題や権力問題をやれとか、現実を変革せよとか、被差別者と共感せよという研究方針ではない。奇妙に聞こえるかもしれないが、むしろそういったこととは直接関係ない。なぜなら、ここで問題とする権力現象は「抵抗する主体」それ自体を巻き込み、将来の行為の選択肢を産出する権力であるからだ。

もしここで、安易に「解放する主体」をエスノメソドロジー的な知識に求めていくなら、ふたたび啓蒙主義的な科学に戻ってしまうだろう。というのも、啓蒙主義によれば、理性＝科学の光によって「真理」が獲得され、それは万人にとって普遍的に妥当するものとなるからだ。ここに科学の進歩と人類の解放とを重ね合わせて考えていく古典的な楽観主義を読みとることができるかもしれない。しかしながら、現在私たちは「サバルタンは語ることができるのか？」と問うスピヴァク[16]や、科学的知識という権力を問題にしたフーコーの洗礼を受けている。そこには、直線的な進歩もなければ、普遍的に通用する正義もない。このような状況において、私たちは科学の光を信じて研究や調査を行うことなど不可能ではないのだろうか。むしろ私たちは社会学的研究や調査とはどのような政治的・権力的な行為なのか、自ら問題にしなければならない状況に立たされている。そして、この問題に敏感に取り組みながら、それを扱うことができる分析的道具を開発してきたのがエスノメソドロジーであると思う。この問題はよく論じられるように、科学がもう妥当性を失ったから、それと対極にあると信じられているフィールドワークや文芸批評へ向かおうというような単純な問題ではない。シルバーマンとグブリウム[17]の議論の助けを借りて、この問題をもう少し掘り下げてみよう。
　彼らは、フーコーが社会調査に与えたインパクトを整理している。まず、科学それ自体が権力から相対的に自由な批判的装置などではなく、権力そのもののメカニズムの内部にある。そして、前節で指摘したように、フーコーの考える権力とは国家のような外部にあって強制力を発揮する実体ではないし、なんらかの権力の中枢をもつものでもない。むしろ、それは具体的な状況における社会関係に内在し、それ自体は真でも偽でもない言説の編成において権力作用を産出していくのである。[18]
　ここから導かれることは、西欧啓蒙主義が議論の土台としてきた、理論と実践、社会と個人といった二分法はそもそも成り立たないということである。なぜなら、個人自体が権力の内部で形成され、そして権力から自由な知など存在しないからである。では「啓蒙主義以降」の私たちには、何ができるのだろうか？彼らは二つの可能性を示唆する。一つは、権力はレヴァイアサンのようなたち打ちできない怪物ではなく、具体的なコンテクストにおける言説の編成に沿って権力作用を働かせる以上、権力作用に対するさまざまな多元的抵抗点も同時に産出されるということだ。そして二つ目は、真理の効果は言説内部において産出される以上、啓蒙主義が夢想したような新しい、より真理に近い言説を提示することによっては、権力に対抗することはできないということである。

彼らの結論から、啓蒙主義以降の研究方針を気負いなしで楽に組み立てることができる。それは「解放する主体」や「真理」をふりかざして、現実を改革しようとする現実改良主義（reformism）ではないし、さらにまた「虐げられた」人々と共感的に一体化するロマン主義（romanticism）でもない。そうではなく、ローカルな状況において協働で組み立てられている言説編成のプロセスを明らかにする実践である。それは、具体的な言説編成をずらしたり、相対化しながら、組み立て直すことである。この作業を通して、権力作用との共犯を拒否し、その結果、権力作用を脱構築する多元的道筋が示される。そして、その方法とは微細で堅牢なフィールドワークであり、その一つが私の考えるエスノメソドロジーにほかならない。したがって、調査という行為自体が自明視された日常の権力作用を組み替えるという意味で「政治的行為」なのである。このような理論的整理の上に立って、私は「権力作用のフィールドワーク」としてエスノメソドロジーを位置づけたい。そして「掟の門」の主人公の悲劇が希望への糸口でもあったように、権力作用のフィールドワークは、非対称的な他者との対話を開いていく実践でもある。つぎの章から、エスノメソドロジーを批判実践として組み立て直すために、シュッツからガーフィンケルへの理論的道筋を再解釈する作業に取りかかろう。

第二章　シュッツの科学批判とエスノメソドロジー

エスノメソドロジーを批判実践として捉えるかどうかは、シュッツをどのように位置づけるかに大きくかかわっている。なぜなら、シュッツの現象学的社会学をフッサールの超越論的なテーマを継承するものとして解釈すれば、シュッツはエスノメソドロジーにとって初期の成立期に必要だったが、いまでは主観的な意識論が残滓として残っているだけで、できるだけ早く払拭すべきだといった結論がでてくるからだ。しかしながら、これはシュッツのなかにある実践論的なブレイクスルーを意図的に無視し、逆に超越論的な現象学へと閉じこめる不当な解釈といえよう[1]。

私はシュッツとパーソンズの科学論争において、シュッツのとった立場が非常にラディカルなものであったことに注目したい。というのも、彼が行為を考えるとき、独我論的に捉えるのではなく、むしろ他者と対話関係に入る実践として行為を捉えていると考えられるからだ。第一章の議論と結びつけるなら、これは「判断力喪失者」であることをやめ、予測不可能な現実へと、あえて飛び出していく実践的で対話的な行為論と読み替えることもできる。この点が批判実践としてのエスノメソドロジーへ直接つながっていくことは明らかである。まずシュッツの位置づけから始めよう。

シュッツの二つの顔――超越論的現象学から生活世界の現象学へ

シュッツがフッサールの現象学的プログラムを社会的世界において遂行したことは広く認められている。しかしながら哲学のメインストリームからは、このことは超越論的現象学の課題を中途で捨て去ったとしてしばしば非難されてきた。すなわち、シュッツが日常生活者にすでに与えられている「生活世界」から出発したことは、安易な妥協だと言うのである。[2]だが、シュッツは比較的早くから超越論的自我（Transzendentale Ego）を立てることによって生じる他者理解のアポリアを充分理解していたし、むしろ意図的に生活世界から出発することを決断していたことがわかっている。[3]

私はシュッツの決断を現象学的プログラムの中途放棄と考えるのではなく、むしろ生活世界を解明する作業に必然的に伴う英断と考えたい。これによってシュッツは、人間が間主観的世界に身体を通して実践的・対話的に投錨しているリアリティ（world of working）の重層性を記述できるようになった。[4] ところが超越論的自我の意識分析から出発しながら、途中で自然的態度の構成的現象学へと移行したことは、結果として、シュッツの理論構成の中にいくつかの矛盾や問題点を残すことになったことも否めない。その矛盾の一つがシュッツの科学論である。一方ではシュッツは科学者を超越論的自我にも似た「孤立した自我(solitary ego)」として描写するのに対して、他方では科学的成果が伝達されるのは至高の現実であるとする「日常世界」以外にはないとする。そうなると、科学者は具体的身体を持たない一般者であると同時に、いま―ここでの実践的目的に支配された日常生活者であるという矛盾した存在になってしまう。ではこの矛盾を解決するにはどうしたらいいのだろうか。

まず、科学者の位置づけをめぐる矛盾も含めて、これまでさまざまな形で解釈されてきたシュッツの科学論について、超越論的自我の放棄という観点から一貫して再検討しよう。そのつぎにシュッツの科学方法論をガーフィンケルのエスノメソドロジーのプログラムと整合させよう。しかしこれはシュッツの主張をただ単にエスノメソドロジーと連続させることではない。むしろ、シュッツの科学論の再検討から得られるものは、シュッツに残存する超越論的な意識分析を批判しながら、同時に「自明視された」秩序分析から出発したエスノメソドロジーに内在する秩序への偏向や、秩序記述における「客観主義・分析主義」を批判することになる。こうした一連の再解釈と批判を通して、シュッツの科学的方法論の中に、とりわけ特に「適合性の公準」に新しい意味を見つけることができるようになる。

有名な適合性の公準とは、科学者の理論が妥当性を持つためには、自然的態度で獲得された日常生活世界のすべての前—経験（pre-experience）と両立するように、理論を構築しなければならないというものである。これまでこの公準は、あまり積極的な意味を認められてこなかった。というのは、なぜ社会理論と常識を両立させる必要があるのか、さらに、どうやって両者を両立させられるのかまったく明快な答えが出せなかったからである。[5] しかしながら、フーコーを引き合いに出すまでもなく、科学という営み自体が批判的に検討されるようになった今日においてこそ、シュッツの適合性の公準を新しく捉え直す意義がある。それは、科学的言説と常識とを整合させることによって、科学による知識の秘匿や独占に異議を申し立て、科学的言説が物象化された「真理」として、どのような権力作用を日常生活の細部にまで及ぼしているか解きほぐす戦略として鍛え直すことである。[6]

シュッツ＝パーソンズ論争と多元的現実論

社会科学は「手段—目的」図式をベースとした科学的で合理的な行為者モデルを、現実の人間を計るための拠り所としてきた。たとえばパーソンズをその代表格として挙げることができるだろう。彼の有名な「合理的行為」の定義はこうである。「行為が合理的であるのは、それが、状況の諸条件のなかで行為者が将来の目的を追求し、自らに入手可能な手段のうちで、実証的で経験的な科学によって検証かつ理解可能である理由に基づいて、目的にとって内在的に最も適合的な手段を用いるという限りにおいてである」[7]。パーソンズによれば、このような合理的行為を行う最たる者が科学者である。そして科学者の行為は日常生活者のそれと基本的に連続しているため、科学者の行為こそ現実の人間を評価するモデルになるという。なぜなら行為者もまた「状況についてより広範な知識をもつ」観察者（科学者）の期待に、自らの現実の進路を同調させるからである。つまり科学者こそ日常生活者の模範なのである。ここには科学を万能薬のように見なしていた時代背景を窺うこともできるだろう。

これに対してシュッツは、まったく反対の意見を唱える。これがパーソンズ＝シュッツ論争を引き起こしたことは有名である。すなわち、パーソンズの提唱する「厳密な意味での合理性は社会的世界を科学的に観察する時のカテゴリーの一つであって、社会的世界の内部にある行為者の心のカテゴリーではない。それゆえ、合理性の概念図式は本来的に理論的な観察のレベルでのみ妥当する」[8]。それどころか「私が強調したいことはただ、合理性の理念は、日常的思考の特徴ではないし、またありえない。従ってそれは日常生活における人間行為を解釈する上での方法論的原理たりえない、ということである」とまで主張する。[9]
一見奇抜な考えに見えるこの主張は、どのような論拠からでてきたものだろうか。これはウィリアム・ジェイムズから着想を得た彼の「多元的現実論」から導かれた結論である。シュッツによれば、科学的世界、より正確に言えば、科学的理論構成の世界（world of scientific theorizing）は、至高現実である日常的活動の世界とまったく異なっている。それは日常世界とは違うレリヴァンス・システムに支配された別の「限定された意味領域（finite province of meaning)」である。そして個々の「限定された意味領域」を相互に変換したり共約する公式は存在せず、私たちは一つの意味領域から他の意味領域へと存在論的に「跳躍」しなければならない。このことを科学的世界と日常世界に限って言い換えれば、私たちは科学的理論構成の世界で行われている活動をダイレクトに日常世界に持ち込むことはできないということである。したがって、パーソンズの採用する合理的人間モデルは、現実の人間の行為を評価する基準にはなりえないのである。
だがここで注意すべきは、シュッツの多元的現実論が超越論的現象学の残滓を引きずったきわめて独我論的な立場から論じられていることである。たとえば、さまざまな「限定された意味領域」を形成するのは意識の緊張であり、ベルクソンのいう「持続」である。そして意識の緊張の度合いに応じて、多元的世界は至高の現実である「ワーキングの世界(world of

working)」を基盤として、夢の世界、空想の世界、宗教の世界、科学的思索の世界など、さまざまな現実をスペクトラムとして持つ。一人の人間は意識の流れのなかでこれらすべての「限定された意味領域」を「飛び地」的に経験し、個々の意味領域に対して、当該の意味領域に固有の認知様式を付与する。したがって、ある現実において一貫性があり、両立可能な経験であっても、別の現実では一貫性がなく矛盾したものとなる。つまり、ある現実から他の現実への移行に際して主観的なショック（キルケゴールの言う「跳躍」）が生じるのである。シュッツは認知様式の内容として、意識の特定の緊張、特定のエポケー、支配的な自発性の形式、自我経験の特定の形式、社会性の特定の形式、特定の時間パースペクティヴを挙げている。この内容については後にガーフィンケルがどのように変形して継承したか見ていくことにするが、ここでは孤立した自我の意識の流れが多元的現実を構成していくという、超越論的自我を彷彿とさせる理論構成になっていることが重要である。

では科学的世界と日常世界とはどのように異なっているのだろうか。後で述べるガーフィンケルの継承と対応するようにシュッツの論点をまとめると、つぎの四点に要約される。[10]

（1）自然的態度のエポケーは科学的態度に特有のエポケーと正反対である。つまり、日常世界においては世界は現れる通りであることに疑問を差し挟まないというエポケーが働いているのに対して、科学的態度においては自然的態度をとっている自己の主観性自体がカッコでくくられる。
（2）自然的態度においては実践的な関心というレリヴァンスが支配的だが、科学的態度においてはこれはカッコでくくられる。
（3）日常世界においては身体を媒介にした、内的持続と客観的時間の交差があるが、理論化を行う弧我には身体が欠如しているために、両者の交差も、他者と共有する「生き生きとした現在」も存在しない。
（4）日常世界においては社会に起源を持ち、社会的に承認された知識の集積、つまり、自明視された常識がすべての起点である。この社会的知識は自己の社会における位置を中心として、我々関係から始まって後続者にいたるまで世界を多元的に層化している。これに対して、理論化を行う弧我にとって、社会的世界における自己の位置と、それに結びついたレリヴァンス・システムは端的に無関係なものである。
こうして科学的世界と日常世界が別個の限定された意味領域であることが示された。これらの特徴からわかることは、科学的世界が間主観的生活世界に投錨点をもたない、本質的に独我論的世界であるということだ。つまり理論構成を行う自我は、孤立した内的持続の流れの中にある自我の一断片でしかない。それは、自己の身体をもって世界に働きかけることはない。つまり弧我はワーキングの世界に到達しておらず、その結果「生き生きとした現在」

を他者と共有しえないために、他者を全体として経験することができない。つまり理論構成を行う自我は、社会環境をもたず、社会関係の外部にある。

だがそうなると哲学の普遍的問題である一つのパラドックスに直面することになる。シュッツは二つの問いかけを行う。まず、理論化を行う孤独な自我は、生活世界を研究対象とするとき、どうやって「ワーキングの世界」へとアプローチすることができるのだろうか。そもそも日常生活者のレリヴァンス・システムを放棄した弧我は、間主観的な生活世界にアクセスすることは不可能なのではないだろうか。これが第一の問いである。第二の問いは、弧我が理論化した成果を同僚の科学者に伝達することは可能なのかということである。だがシュッツは理論化という行為自体が最初から社会的なものではないかと問い直す。つまり、ある理論は他者の手になる理論化作業の結果として手に入るものであるし、自己だけでなく他者も同じテーマを理論化することができるのである。だとしたら、コミュニケーションの世界から切断された弧我が理論化を遂行するということ自体、矛盾することではないだろうか。

第一の問いに対するシュッツの解答はこうだ。たしかに弧我はそのままでは生活世界に降り立つことはできない。しかしそれを変更する術はなく、私たちはただこの事実を受け入れることしかできない。ではいったい社会科学はどのようにして生活世界を理論化することができるのだろうか。それは生活世界自体を直接研究するのではなく、生活世界の類似物を人工的に作り出すことによって可能になる。それが社会科学者の用いる理念型であり、行為者のモデルである「操り人形（パペット）」などの概念道具である。科学者はもちろんこの概念道具を合理的な科学的手続きにしたがって組み立てなければならないが、それが研究者のまったくの恣意によるものであれば、現実との接点をいっさい失ってしまうことになる。そこで導入されるのが「適合性の公準」である。科学者は自己の理論に妥当性を与えるために「その［操り人形の］仮想的活動行為や目的的行為が、それ自体の内部で一貫性をもつだけでなく、観察者が理論的領域へ跳躍する以前に、自然的態度で獲得した日常生活世界のすべての前—経験と両立するように[11]」構築しなければならないのである。第一の解決法は、理論化を行う弧我を放棄するものではない。むしろこれでは科学者は基本的に生活世界と切り離された超越論的領域にとどまっており、結局は人々が身体をもって働きかけあっている間主観的世界に、科学的方法を通して間接的に接近することしかできないのである。

　では第二の問いに対する解答は、どうなるだろうか。理論化という行為自体がコミュニケーションを前提としているのに、なぜ科学者は弧我を維持することができるのだろうか。シュッツによれば、確かに科学者が純粋な理論的態度にある限り、他者とのコミュニケーションは不可能である。しかしながら科学的研究活動自体は、先人たちの研究成果や談話世界に基づき、他者による批判や承認などのコミュニケーションを不可欠とする。したがって、理論的成果を誰かに伝達するためには、一時的に理論的態度を捨て、コミュニケーションの世界である日常世界へもどらねばならないのである。そしてこのパラドックスは実際には実践を通して解決されている。ではどうしてこの奇跡が可能になるのだろうか。それは多元的現実が外在的に存在するものではなく、それらはすべて一人の人間の意識の流れの中で生起するからである。したがって、私たちはさまざまな現実を記憶のなかで結びつけたり、再現したりすることができる。こうして、科学的理論を伝達する場合にも、私たちは理論化した内容を記憶して、今度は日常世界の中で再現することでコミュニケーションが可能になるのである。

この解決は、理論化の態度が孤独な自我の領域にあることを一方で承認しながら、他方では理論化の成果を伝達するために日常世界への移行を承認することである。つまり独我論的世界と間主観的世界とを人間の意識の流れを通して共存させたのである。ここで最初に立てた問題提起にもどって考えると、シュッツは一方で間主観的な日常世界がコミュニケーション可能な唯一の世界であるとしながら、他方では日常世界のレリヴァンスをいっさい絶った、独我論的な科学的世界の存在を支持するという折衷的な立場を表明している。つまり超越論的自我を放棄して間主観的な生活世界の分析を行うという英断が不徹底なまま中途で挫折しているのである。これは超越論的自我の意識分析から出発しながら、途中で自然的態度の構成的現象学へと移行した結果、シュッツの理論構成の中に残された大きな矛盾の一つであると思われる。

ここからシュッツのパーソンズに対する批判がやはり不徹底であることも明らかになる。すなわちシュッツは、日常世界と科学的世界は別個の「限定された意味領域」であり、両者の現実は両立しないと主張して、パーソンズの科学的な行為者モデルを批判した。にもかかわらず、ここで提出された解決法にしたがうかぎり、弧我による科学的な理論化の世界と日常世界は両立することになってしまうのである。だがこのように表現することはシュッツに対して公平ではないだろう。シュッツの批判はあくまでも、理論化の世界の規準をそのまま日常世界にあてはめることに対して向けられていたからだ。つまりシュッツは一方で、パーソンズの行為論も含めた理論化の世界を承認したが、他方ではそれを日常世界にあてはめるときに必ず従わなければならない規則（公準）を提案することによって、両者の認識論的な乖離を埋めようとしたのである。それが適合性の公準であることは言うまでもない。

しかしながら、どうしてシュッツの批判のトーンがこれほど強いのだろうか。もし彼の批判が単なる科学的方法論の問題にすぎないものだったとしたら、彼のトーンの強さはこれとあまりにも不釣り合いではないだろうか。そこにはつぎの節で述べるように、ワーキングの世界と比較すれば、科学的世界は仮想的な現実にすぎないという確信が見え隠れしているように思われる。そして事実シュッツにはカオフマンに影響を受けた「科学的状況(scientific situation)」という概念があり、それは独我論的な理論化の世界とはほど遠く、むしろクーンの科学者共同体（scientific community）に近い概念である。このように考えていくと、弧我の遂行する理論化の世界をどうやって位置づけるかという問題は、シュッツおいて明らかに未解決の問題であることがわかる。つぎに「よそもの」と「科学的状況」という概念を手がかりにしながら、超越論的自我の放棄を徹底化するという観点からシュッツの科学論を再構築してみよう。

受動的理解と能動的理解

科学的世界が日常世界のどこにも投錨点を持たない意識の状態であるという説明は、シュッツの有名な「よそもの論」にパラレルな議論を見いだすことができる。なぜなら、よそものは新たに接触することになる未知の集団に対しては、最初は科学者と同じように「無関心な観察者」であるからだ。よそものは出身集団についてはは他者との生き生きとした歴史の共有を通して、身体を媒介にしたコミュニケーションの世界を享受することができる。しかしながら、一度も具体的な相互行為をしたことのない他集団については、彼らについて「単なる想像のレベル」における知識を持っているにすぎないのである。したがって、それは偏見や誤解に容易に転じる可能性のある知識である。ところがいったんよそものが接触集団と具体的な相互行為に入るやいなや、これまで「無関心な観察者」として傍観者的に抱いていた他集団イメージが音を立てて崩れてしまうのである。[12]

シュッツはこの大転換について生き生きと語っている。よそものは新しい環境ではものごとが出身集団で予想していたのとはまったく違っていることに衝撃を受ける。そこでは自分が傍観者として抱いていた概念図式はまったく通用しないのである。なぜなら、第一に、よそものの抱いていた接触集団の文化パターンは、無関心な観察者のものであったのに、今度はよそものは傍観者から接触集団のメンバーになろうとしているために「接触集団の文化パターンは、もはや彼の思考の対象ではなく、行動によって支配されるべき世界の一分節となっている」。したがって当然、この文化パターンがよそもののレリヴァンス・システムにしめる位置は決定的に変化する。このことは「それを解釈するためには違ったタイプの知識が要求されることを意味している。傍観者は、いわば正面席から舞台に飛び上がり、共演者たちとの社会関係に入り、進行中の芝居に加わることになるのである」。

そして第二に、具体的なコミュニケーションを通じて、他集団についての知識が大きく変わっていく。「かつての遠さは近さに変わり、空虚だった枠組は生き生きとした体験で満たされる。匿名的だった内容は明確な社会的状況に転ずる。既成の類型は分解する。つまり、近づいたことのない対象についての単なる想像のレベルと、社会的対象が環境として経験されるレベルとが調和しなくなる」のである。こうして接触する前に抱いていた他集団についての知識は必然的に不適当なものになる。なぜそれが不適当なのかといえば、第三に「この［他集団］像は他集団のメンバーから応答や反応を引き出す目的で作られているのではないという理由」からである。つまりそれは「他集団を解釈するための手頃な図式として役立つだけで、二つの集団の相互作用の手引きとはならない。その有効性は、もっぱら、他集団のメンバーと直接の社会関係をもつつもりのない出身集団のメンバーの同意に基づいたものであり（中略）、したがってこの解釈図式は、他集団のメンバーを解釈の対象として扱うのみで、彼等を解釈作業の結果に基づく可能な行為の対象として、また、そうした行為に応じてなされるはずの反作用の主体として扱うことはない」のである。したがって他集団についての知識は、自己の身体をもって投錨する実践的で対話的な現実に耐えられない。

ここでシュッツの「よそもの」論から非常に長い引用をしたのは、これが生活世界から分離した科学者の現実と非常によく似ていると思うからである。もしかりに「単なる想像のレベル」で他集団を概念化していた「よそもの」と科学者とが、具体的な社会関係や相互行為からは断絶しているという点で共通性をもっているとしたなら、生活世界に投錨点を持たない理論化作業の成果は、よそものの他集団像と同じように、不適当であり、現実のコミュニケーションに耐えるものではないことになる。[13] そしてシュッツの科学的合理性に対する強いトーンの警告は、ここに発するものではないだろうか。すなわち、多元的現実論においてはシュッツは独我論的な理論化の世界を認めていた。そしてそれは個人の意識の流れを通して日常世界と連結し、他者とコミュニケーションが可能になるのであった。しかし「よそもの」論においては、たったいま見てきたように、現実と接点を持たない「単なる想像のレベル」での理論化は、不適切なものなのである。なぜなら理論化は、他者を単なる解釈の対象として扱うのみで、実際にさまざまな反応が返ってくる具体的なやりとりの主体として考えないからである。

第一章での議論の文脈から考えると、科学的世界とは閉じられたモノローグの世界だと言ってもよい。科学理論の世界と内集団の成員（メンバー）の世界とは、共通点を持つ。それは理論化や常識的予測を超えた「他者」に対して具体的な接点を持たないということだ。しかしそれは、シュッツの描く「よそもの」のように、他者の世界へと「正面席から舞台に飛び上が」る勇気をもてば、つぎに何が起こるのか予測できないものの、現実と接点をもったコミュニケーションを開くこともできるのである。こうして「適合性の公準」なしには、科学的理論と現実の生活世界とを結びつける接点は消失してしまうことになる。

よそもの論は多元的現実論の前に書かれた論文であるにもかかわらず、両者のあいだには
シュッツの問題構成にとって非常に大きな変化があると考えざるをえない。つまり、多元的
現実論ではいまだに超越論的自我による現実構成が前面にでているのに対して、よそもの論
ではもはや弧我の意識活動ではなく、生活世界における具体的な相互行為こそ中心的なもの
として扱われているからだ。この変化は多元的現実を認識論的に捉える視点から、身体を通
した実践的で対話的なコミュニケーションの現実として捉える視点への転換と考えられる。
なぜなら、生活世界に投錨点を持つためには、身体を通して以外に道はないからだ。そし
て、よそものが現実との接点をもったのは、他者の応答が不在である「単なる想像のレベ
ル」を捨てて、他者を具体的な応答の返ってくる相手として、身体を通して実践的・対話的
に行動することによってである。シュッツはこの変化を「受動的理解」から「能動的理解」
への転換と呼んでいる。すなわち、外国語の学習を例にしながら、想像のレベルで学習する
ことを受動的理解とし、それではいくら練習しても外国語が身につかないという。ところが
実際に外国へ行き、そこで実際にことばが使用される実践的文脈において外国語を学ぶと、
いやおうなく身についてしまうのである。これが能動的理解である。こうして受動的理解は
実践的環境に身を置くことで、役に立たないことが証明されてしまう。これまでの議論をま

とめれば、間主観的なワーキングの世界と比較すれば、科学的世界は現実と接点をもたない、仮想的でモノローグ的な現実にすぎないということにならないだろうか。

つまりワーキングの世界とは、私たちが自己の身体を通して、世界に働きかけ、同時に他者に働きかけられる対話的コミュニケーションの世界であり、ここでなされる理解は世界に投錨した実践的・対話的行為によって導かれる「能動的理解」である。これに対して、科学的理論構成の世界でなされる理解は、身体を通した具体的な相互行為が不在であるという意味で「単なる想像のレベル」にすぎない「受動的理解」にとどまるのである。では科学者たちは実際にはどのような「能動的理解」を共同で行っているのだろうか。実際の研究活動についてシュッツはつぎのように説明する。そこでは「検討中の科学的問題」が科学の対象領域の範囲を決定し、それが関連する理念型を構築する準拠図式になる。科学者はこうして科学的状況（scientific situation）に入っていくが、それは「彼は、自分の科学の歴史的伝統によって手渡された科学的思索というすでに構成された世界に入る」[14]ことを意味する。つまり科学者は実際の研究活動においては独我論的領域に遊離して存在するわけではなく、歴史的に形成された科学的文脈というレリヴァンス・システムを伴った科学的状況に入っていくのである。

シュッツが実際の科学的活動を考えるとき、理論化を遂行する弧我をレリヴァンス・システムでもって代えたことには、どんな意味があるのだろうか。それは、多元的現実論に重大な変更をせまることにはならないだろうか。つまりシュッツは、個人の意識の緊張の度合い（固有のエポケー）に応じて、個々の「限定された意味領域」が設定されるとしたが、いま見たように、科学者個人による研究対象の類型化は今度は科学者集団において歴史的に形成された類型化＝レリヴァンス・システムにしたがってなされることになる。だとしたら、個々の「限定された意味領域」を設定する意識の緊張や特定のエポケーは、弧我の意識の流れにおいて出現するのではなく、当該文化コミュニティのレリヴァンス＝システムの一機能であると考えられるのである。つまりそれは独我論的なものではなく、最初から社会的なものである。以上のことから科学的態度を解釈し直せば、それは科学者集団が歴史的に共同で形成してきた、拘束力をもった類型化の規則や手続きとして理解されることになる。それはクーンの「科学者共同体」に近い考えかたになるだろう。

これまでの議論から、シュッツの超越論的自我の放棄を徹底していけば、弧我による理論化の世界としての科学的世界は「受動的理解」として捨てられることになる。そのかわり、科学的活動は科学者集団の類型化＝レリヴァンス・システムに基づく社会的活動と考えられる。そしてこれを徹底したのはガーフィンケルである。

ガーフィンケルのシュッツ解釈

ガーフィンケルはシュッツの多元的現実論をどのように受け継いでいったのだろうか。彼は超越論的自我、あるいは孤我の意識による現実構成を社会的な現実構成へとラディカルに転換した。つまりガーフィンケルによれば、多元的現実の各々を構成していたエポケーは弧我の意識の操作ではまったくない。それでは各々の現実に固有のエポケーとはいったいなんだろうか。それは、シュッツが最後に結論づけたように、ある文化コミュニティで通用している類型化＝レリヴァンス・システムである。

ここでガーフィンケルがどのようにしてシュッツの概念を変形していったか見てみよう。シュッツによれば、日常生活世界はさまざまなレリヴァンス・システムからなる。このレリヴァンス・システムは、特定状況の利害関心に依存している。つまり同一の対象がレリヴァントかどうか、つまり類型化されるかどうかは、行為者の利害関心である手許の問題に関わっている。しかしそれは個人的な恣意にまかされているかといえばそうではない。むしろ、自明視された社会的世界においては、類型化の方法は内集団によって社会的に承認されている。そして類型化とはそもそも外的対象に社会的意味を付与する操作であるから、つぎのようなガーフィンケル特有の言い回しがくる。[15] つまりそれは、内集団の成員であれば誰でも知っている「常識」を背景として、ある対象の外観と、その対象について社会的に意図された意味とを一致させていく社会的判断規則なのである。「実際の出来事」は社会的に承認された類型化システムを通して「意図された出来事」に変換される。

こうしてさまざまな多元的現実にはたらく固有のエポケーは、弧我の意識の操作ではなく、期待したことと実際の出来事との不一致を解決するために社会的に正当化された方法であることになる。そして、当該社会に「誠実なメンバー(bona-fide member)」である資格は、うまく両者を一致させることで証明される。もし「実際の出来事」と「意図された出来事」とをうまく一致させることができなければ、自己の成員資格を社会的に疑われる危険性に直面するのである。したがって、ある社会で自明視されたレリヴァンス・システムとは、当該社会の成員の信頼と服従とを無条件に要求する「部族の偶像(idol of the tribe)」である。ガーフィンケルが強調したのは、彼が「部族的忠誠(tribal allegiance)」と呼ぶ日常世界に対するメンバーのゆるぎない信念である。そしてこの意味では、日常世界にはたらく推論規則とは「部族的規則(tribal rule)」なのである。[16]

こうしてガーフィンケルは、博士論文『他者の知覚』と『エスノメソドロジー研究』の第八章「科学的活動と常識的活動の合理的諸特徴」において、科学的世界と日常世界の相違点をつぎのように五点に要約して示している。[17]

（1）自然的態度のエポケーと科学的態度のエポケー

「実践的理論家」である日常生活者は世界内の諸対象が現れるとおりであるということを前提とし、その前提にサンクションを与えている。彼はこの前提に疑いをはさむという解釈規則に対して「公的中立性」（official neutrality）を保持している。こうして対象の外観（あらわれ）と、そのようにあらわれている意図された対象とが対応することは、日常生活者にとって疑う余地がなく、両者の不一致に対してサンクションを行使することができる。これに対して、科学的理論構成の世界では全く異なった解釈手続きが採用されている。つまり今度は、世界内の諸対象が現れるとおりであるという信念に対して「公的中立性」を保持する。こうして原理的には際限のない疑いが許容されることになる。その場合、つぎの（2）の特徴である「規範的社会構造」は、拘束的諸条件として認識されない。

（2）日常生活者の「実践的な関心」

日常生活者の世界への関与は、実践的な関心によって支配されている。つまり彼の手許の問題によって類型化されたレリヴァントな環境の特徴は、彼の行為に実際の、あるいは潜在的な影響を与えたり、逆に彼の行為の影響をこうむる。博士論文においては、このように類型化された外的世界の特徴を、規範的社会構造（normative social structure）と呼んでいる。そして（1）のサンクションという考え方は、日常生活者の規範的社会構造の把握と直接結びついてくる。つまりある集団の成員が日常事を現実的に把握しているかどうかは、成員が現実の世界に占める身体的、社会的位置に由来する社会的知識に直接結びついて、テストされ確証されるのである。換言すれば、日常生活者の知識は成員の社会的能力（コンピタンス）を構成しており、この成員資格はつねに社会的なサンクションにさらされている。

これに対して、科学的理論構成を行う者は、自己が現実世界に占める身体的、社会的位置から由来する知識のレリヴァンスをいったん中断する。科学的モデルのテストや確証は、自己を世界から分離し、世界を定義に従って厳密に記述する科学的方法によってなされる。

（3）時間意識

日常生活者は自己の身体運動によって構成される内的時間と間主観的な標準時間との交差によってのみ、他者の行為と自己の行為とを調整し、かみあわせることができる。ガーフィンケルの言い回しでは、行為者は自己も他者も標準化された仕方で使用していると前提する「時間関係の図式」によって、「内的時間」の経験の流れを時間薄片（time slices）へと物象化（reify）する。たとえば会話に没頭している成員は、会話を「いま―ここ」を起点に過去から未来へと継起的に理解するだけでなく、「社会的に採用された時間的諸決定の図式」にしたがって調整するのである。

これに対して博士論文で強調されているのは、科学的理論構成を行う者には内的時間と標準時間の交差点が欠如していることである。つまり、科学者の用いる時間図式は、日常世界で承認され道徳的拘束力をもった時間図式ではない。それは、例えば日常生活者によって調整された諸行為を、原因と結果として明晰判明に記述するという科学的問題を解決する上での単なる道具である。

（4）コミュニケーション図式

博士論文によれば、成員間のいかなるコミュニケーションも、内集団に通用し、疑問の余地なく受け入れられている解釈図式に依存している。この解釈図式とは内集団で承認されたコミュニケーションの図式であり、それは内集団の成員権（メンバーシップ）を規定しているのである。そして、これがもっともガーフィンケルがシュッツを「社会化」した点ではないかと思われる。つまり、誠実な成員（bona-fide member）であればだれでも知っており、信用する義務のある「生活のごくあたりまえの事実」をうまく使えることが、集団における成員権の存続を保障する条件になっていると言う。つまりコミュニケーション図式は、ある対象の実際の外観と意図された対象とを正しく対応させるべく、道徳的な拘束力を持った「コーディング規則」のようなものである。

これに対して、科学的理論構成を行う者に関係する他者とは、理論の客観性をテストし確証する科学的方法の手続きに従う他者である。つまり他者は、非身体化され、普遍化された人間すべて（Any Man）となる。科学者が日常生活においてある集団の成員であることは、科学的他者構成に対して道徳的拘束力をもたないとされる。科学者は、理論構成の過程で彼が信じると決断したことだけ知っていればよいのであり、同僚の発見を信用することは単なる選択にまかされている。

ここで重要なことは、日常世界におけるコミュニケーションは認知的というより、むしろ道徳的であり、しかも成員権の存続や剥奪に関わる政治的なものでもあることに注目すべきである。ガーフィンケルはこの説明に続けて、日常生活で科学的態度を実践したとすれば、こうした行為は「犯罪や病気、あるいは無能力という地位の変更をこうむるリスクを犯す可能性がある」とさえ言っている。

（5）「私的生活と公的生活の乖離」

日常生活においては私的生活と公的生活のあいだに「乖離」があると想定されている。したがって、自分が知っていることでも他人が知らないことがあるし、その逆も真である。つまり共通に知られている事柄は、私的生活において「出すのを控えられている意味」とともに伝えられる。これに対して、科学的理論化においては私的生活と公的生活のあいだには「乖離」はまったく存在せず、科学的記述に関連するすべてのことは公にすることが可能であると想定されている。

以上の五点にわたる要約からガーフィンケルが、弧我による理論化の世界を徹底的に放棄したことは明らかだろう。そのかわりここには、成員の資格条件としてエポケーの社会的使用がでてくる。つまり、集団の成員は類型化＝レリヴァンス・システムを共同で使用することによって、「実際の出来事」と「意図された出来事」とを道徳的・政治的に一致させていくのである。こうして、シュッツの「限定された意味領域」とは意識の流れの中に還元されるものではなく、道徳的な拘束力をもって集団の成員を従わせる「現実」なのである。

ここからガーフィンケルの有名な「違背実験」が生まれてくる。よそものの接触集団に対する知識がまったく無効であったように、科学的態度を日常世界で実践することはどんな意味があるのだろうか。ここでは詳しく紹介することはしないが、たとえば意味の明確さを要求する科学的規則を日常生活で実践したとしたら、どうなるだろうか。たとえば「ちょっと今日は調子が悪い」と言った人に「どんなところが、どんなふうに、どの程度調子が悪いのか?」と質問するとしたら、質問者の側に「犯罪や病気、あるいは無能力」を疑わせる結果になってしまうだろう。つまりガーフィンケルが問題にしていたのは、想像のレベルで科学的態度を考察することではなく、日常世界における具体的で実践的な相互行為のレベルで科学的態度を考えることだった。そして日常世界で科学的態度を実践すると「人の行為の環境の無意味さを増幅させ、相互行為システムをますますばらばらにする」[18]だけである。

科学的合理性は日常世界における行為にとってはまったく役に立たない理念なのである。だとしたら、理論的思索に従事している時でさえ、科学者はここで挙げたような科学的態度を取りえないことになる。科学者もまたコミュニケーションの世界でしか活動できない以上、科学的態度は実際の科学者集団によっても支持されていないし、実行もされていないという結論になる。つまり、科学者は日常世界において、自己の行為が引き起こす道徳的な含蓄に直面させられるし、具体的場面において実践的に対応しなければならなくなる。科学者も日常世界の政治的・道徳的脈略から逃れることはできない。

科学的言説の監視

ここで科学と日常の二元論は廃棄される。そしてこのことはシュッツの適合性の公準のラディカルな再解釈へとつながっていく。シュッツは権力としての科学的知という見方までもう一歩のところにいたのではないだろうか。つまり、シュッツが見ていたのはローカルな場を遊離した科学的スローガンが、もっともらしさを武器に人々の現実を権力をもって再構成している現象ではないだろうか。こう考えたとたん、シュッツはエスノメソドロジーの記述主義的な態度を超えて、日常生活の道徳的・政治的場面まで踏み込んでいたことが示唆できる。

言い換えれば、科学の教科書的言説であれ、具体的場面とは無関係な専門家の言説であれ、あるいは当該問題に関わる当事者の言説であれ、それはローカルな状況とからみあいながら、ひとつの言説編成に組み込まれた権力作用の布置を構築している。この視点から適合性の公準を再解釈すればそれは、ローカルな場面から遊離した客観的な知識であると主張する科学が、実際の場面においてどのような権力作用を及ぼしているのか明示化する戦略となっていくだろう。そしてそれは批判実践としてのエスノメソドロジーの仕事である。

第三章　「個性原理」と対話的コミュニケーション

ラディカル・リフレクシヴィティと「個性原理」批判

私たちは前の章で、エスノメソドロジーにとってシュッツから継承したもっとも重要な概念は、「身体を媒介にした実践的で対話的なコミュニケーション」であることを明らかにした。この概念こそが、常識によって呪縛された「判断力喪失者」に具体的な未来へ向かっての第一歩を踏み出させるものである。それは、常識にしたがっているかぎり、コミュニケーションが不可能に見える状況を突き破って、他者との対話的関係を切り開いていく可能性をもったものである。そして、ここにコミュニケーションを微細な権力の編成として読み直していく研究方針も生まれてくる。

ところが、現在ガーフィンケルの提唱する「個性原理(haecceity)」の経験的記述という研究方針は、確かにシュッツからの遺産を一部分継承してはいるものの、常識批判のモメントを失って、あたかもフッサールの「ものそれ自体へ」の標語のように、常識それ自体の内部へ閉じこもってしまうように見えるのである。一方ではリンチのように、ガーフィンケルの研究方針を懐疑主義的な基礎づけ主義から決定的に決別したと高く評価する者もいる。彼によれば、エスノメソドロジーは自己の依拠する哲学的基盤を無限遡行的に問い直す「プロトエスノメソドロジー」の段階から脱却し、研究者の理論的立場といった問題には煩わされずに、純粋に「分析的」なレベルで研究を遂行することができるのである。これが「ポスト分析社会学」の誕生宣言である。

さて、個性原理とは何だろうか。ガーフィンケルによれば、それはメンバーのコンピタンスを通して、その場でものごとが組織されるまさに独特の様式のことを意味する。そしてエスノメソドロジストは、どうやって「生きられた現象」が組織されるのか、その独特の様式を厳密に再現するようなやり方で記述しなければならない。それが「独特の様式への適合性要件(unique adequacy requirement)」と呼ばれる研究方針である。パーソンズに代表される構築的(constructive)社会分析は、いったんはメンバーの方法を通してアクセス可能になった「生きられた」社会現象を、こんどは科学的な方法手続きを通して、科学的研究成果に置き換える。ところがそれによって、生きられた現象は隠蔽され、その結果、それ自体が廃棄されてしまうのである。これとは対照的に、エスノメソドロジーは、たとえば高速道路の渋滞といった社会現象を、まさにその現象に独特の「個性原理」を記述するという方法によって、いわば直接捉えるのである。この点が、エスノメソドロジーと構築的分析とが共約不可能だとされるゆえんである。

しかしながら、「個性原理」や「独特な様式への適合性」という用語が示唆しているように、その場その場で組織される社会現象は常に変化するものであり、歴史的に一回限りのものである。そうだとしたら、それを「経験的」に記述することは可能なのだろうか。そもそもガーフィンケルの言う「経験的記述」とはどのようなことだろうか。この問題は後で詳しく検討することにして、ひとまずこの研究方針をリンチのように、ポスト分析社会学を支持するものとして解釈しよう。ところがそう解釈したとたんに、せっかく獲得した常識批判が失われ、「判断力喪失者」の状態に逆もどりしてしまうのである。なぜなら、リンチの主張を字義通り解釈していけば、あらゆる社会現象をメンバーのコンピタンスというモノローグに還元せよという方針になるからである。もう少し権力論的な文脈から言い直せばそれは、自明視された常識を肯定し、その支配に服せよということである。もしそうだとしたら、パーソンズが「生きられた現象」を科学的研究成果によって置き換えたように、ガーフィンケルもまたそれをメンバーのコンピタンスに置き換えただけではないのか。

ここから二つの問いが生まれる。ひとつはポルナーが発したラディカル・リフレクシヴィティの問題である。そしてもうひとつは浜日出夫が問題にしたガーフィンケルの観察方法の問題である。最初の問いはある意味では単純だ。それはエスノメソドロジーがポスト分析社会学のように、対象それ自体の分析へと内在してしまえば、自己の基盤を問い直す反省的な契機を失ってしまうというものである。[2] ポルナーによれば、エスノメソドロジーは近年の展開の過程で、初期のラディカルな「リフレクシヴィティ」(reflexivity: 相互反映性)を失ったという。彼によれば、二つのリフレクシヴィティが存在する。第一は「内生的リフレクシヴィティ」(endogenous reflexivity) であり、それは「ある社会的リアリティの内部で、そのリアリティに対して、また、それについてメンバーが行っていることが、どのようにして当の社会的リアリティを構成しているか」(Pollner, p.372) ということを示す。つまり、「当該の状況についてのメンバーの〈知識〉や記述が、——これこそリフレクシヴィティの語源的意味だが——〈再び前に戻ってきて〉その状況を組織する一構成要素として編入される」(ibid.) という事態がリフレクシヴィティである。

この「内生的リフレクシヴィティ」に対して、ポルナーはエスノメソドロジーの成立当初から存在していたもう一つのリフレクシヴィティとして「自己言及的(referential)リフレクシヴィティ」あるいは「ラディカル・リフレクシヴィティ」を挙げる。それは「エスノメソドロジーも含めた、およそあらゆる分析もまた一つの構成過程にあるものとして捉える」ことである。つまり、分析者であるエスノメソドロジストもまた、「内生的リフレクシヴィティ」のプロセスから免れることはできない。エスノメソドロジストもまた、ある状況の内部から状況を「見て、言う」ことによって、それを「説明可能なもの」にしていく作業を行っているのである。

ポルナーは初期のガーフィンケルやシクーレルの仕事に、この「ラディカル・リフレクシヴィティ」の実践を見た後、「自己言及的リフレクシヴィティ」をさらに徹底化させた業績を、マキューとブラムたちの解釈学的傾向を持ったエスノメソドロジストたちに帰す。つまり彼らは「リアリティについての〈具体的な〉説明は何でも、その説明がなされた後で、それが依拠している自明視された根拠や前提について分析しなければならない」と明言し、エスノメソドロジーの研究それ自体を、一つの分析すべき現象と見なした。しかしながら、ポルナーによれば現在エスノメソドロジーの中に新しく生まれてきた分野である会話分析と科学研究はどちらも「内生的リフレクシヴィティ」についての経験的研究を好んでおり、エスノメソドロジーからラディカルなリフレクシヴィティを排除して、内生的な構成過程のさらに微細な分析へと向かおうとしているのである。

しかしながら、ポルナーの問いかけは、リンチからみれば懐疑主義的な基礎づけ主義そのものであり、まさに乗り越えるべきナイーヴな態度でしかないだろう。この意味では両者に話し合いの余地はない。ところが、この問題提起はもう少し重要な論点を含んでいる。それはつぎの浜の提起した論点とつながっていく。すなわち、もしエスノメソドロジーの「個性原理」の記述方法がパーソンズの科学的方法と共約不可能で、異なったものだとしたら、それはある意味で科学批判の契機を含まざるをえないのではないだろうか。この傾向はリンチの指摘するように、初期のエスノメソドロジーが行ったさまざまな社会科学方法論批判の中にみることができる。こうした営みは、プロトエスノメソドロジーと名づけるのにふさわしい哲学的な基礎づけ主義の方向性をもっていた。

これと反対に、基礎づけ主義の方向をとらず、しかも科学批判もしないとしたらどうなるだろう。それはリンチの選択した方向が示すように、「エスノメソドロジー的無関心」という現象学的還元に似た方法に頼るしかない。そしてこれこそポスト分析社会学の方向である。ところがこの方法は、現象学とはちがって、行為者の意識の志向性を内省的に明らかにするのではなく、当該現象の外部の観察者=エスノメソドロジストを通して現象の組織化を明らかにする方法である。そうだとしたら、たとえエスノメソドロジーとパーソンズに代表される科学とが共約不可能だと主張しても、エスノメソドロジーの方法と科学の方法との違いは消滅してしまうことになる。つまり、ポスト分析社会学の存立基盤自体が疑わしくなるのだ。浜が問題にするのはまさにその点である。つぎにそれを詳しく検討しよう。

現象学的方法とエスノメソドロジー的無関心

浜日出夫は、ガーフィンケルの主張とは裏腹に、エスノメソドロジーがパーソンズと同じ科学的方法論を研究方針の中に持ち込んでいると主張する。なぜなら、エスノメソドロジーは「エポケーなき現象学」だからだ。[3] シュッツの自然的態度の構成的現象学は、「エポケー」を通して得られた意識の志向性に関する知見を、自然的態度における意識体験に適用して、自然的態度の内部では気づかれない意識の構成作用を反省的に解明する」ことを目的としていた。浜は、ガーフィンケルもまた「見えているが、気づかれない(seen-but-unnoticed)」意識の構成作用を扱う点でシュッツの構成的現象学と共通しており、確かにエスノメソドロジーは現象学的だと認める。しかし、エスノメソドロジーは、自明視された判断・推論作業を明らかにする方法としてエポケーという現象学的な内省的方法は採らないのである。

ではエポケーの代わりにどんな方法があるのだろうか。浜の指摘するように、初期のガーフィンケルの方法は「違背実験」(breaching exercises)であった。しかし「違背実験」とエポケーとは、その根本的特徴において正反対である。つまり、エポケーの場合はあくまでも現象学的還元を遂行する自我に意識の構成作用が与えられるのに対して、「違背実験」の場合には、それは被験者の実験に対する反応を観察する他我に与えられるからである。浜が引用しているように、ガーフィンケルは「行動に意味を結びつけるのは観察者であって、行動を行っている被観察者ではない。行為を反省において経験するのは観察者である」と断言する。なぜガーフィンケルは現象学的伝統にあえて反してまで、意識の構成作用は行為者には与えられないと断定したのだろうか。ここでは文献的例証を行う余裕はないが、その理由はきわめて簡単である。なぜならシュッツによれば、日常生活者は日常世界に特徴的な実践的関心に没頭しているために、そこから距離を置いてそれ自体を対象として取り出すことはできないからである。

しかしながら浜は、ここからガーフィンケルがパーソンズと同じ立場にあると結論づける。つまり、両者とも行為の意味は行為者の主観に与えられるのではなく、観察者の客観に与えられると主張するからである。浜の主張するように、ガーフィンケルがパーソンズから受け継いだものは、科学者である観察者の優位性を承認する実証主義なのだろうか。ここでガーフィンケルの議論を直接フォローすることにしよう。[4] ガーフィンケルによれば、パーソンズの『社会的行為の構造』の中心的な理論的ポリシーは、「具体的な諸活動（concreteness of activities)」と「分析を通して提供された行為(action provided for analytically)」とを区別することにある。ガーフィンケルはこの二つのペア間に区別を設けることが、社会学や社会科学において非常に一般的なことであると言う。この区別の目的は何か。それは第一のペア部分である「具体的な諸活動」について何も記述しないことである。換言すれば、現実の世界で起こっていること(worldly things,real worldly matters)を無視するために、このペアの区別を設けるのである。簡単に言えば、パーソンズに代表される「構築的分析(constructive analysis)」にとって、第一のペアは第二のペア部分を言うために必要な構成要素の役割を果たしているだけで、その中身は決して問われることのない「プリーナム(plenum)」なのである。

プリーナムとは、「満ちた」という辞書的意味とは別にガーフィンケル自身が独自に意味づけしたことばである。それは現象学的に言えば、あらゆる理論が成立すべき土台となる生活世界を指すかもしれない。しかし、ガーフィンケルがこのことばで表現したかったことは、あらゆる理論は具体的な生活世界を想定することによって、実際には生活世界を無視した理論を構築していることである。例えばパーソンズは、彼の「分析を通して提供された行為」には秩序は存在するが、「具体的な諸活動」には秩序は存在しないことを示したという。逆に言えば「現実の不変の社会は、形式的な構築的分析のポリシーと方法を実行した結果、得られた成果としてのみ特定化できる」(p.13) のである。これに対して、エスノメソドロジーが解明しようとするのは、まさにパーソンズがプリーナムとした「具体的な諸活動」の方である。つまり、ローカルな場面において現実に(アクチュアルに)「自然に組織された日常的諸活動」の研究である。

ガーフィンケルはこのことを同じ論文の第Ⅳ部において、ウィーダーと共著で「解釈定理(rendering theorem)」という図式を使って説明している。[5] これを紹介しながら議論を進めた方がわかりやすいだろう。今挙げた二つのペアは、解釈定理においては以下のような「チックかっこから、マルかっこへ」という図式で示される。

﹇　﹈ → (　)

ここでチックかっこが示すものは「ローカルな場面において産出された、自然に説明可能な、生きられた秩序性としての秩序現象」を指す。ガーフィンケルが例として挙げているものは、﹇高速道路の車の波﹈や﹇電話が私にかかってきている﹈という使い方である。つまり、チックかっこの中にある出来事は常にある特定の出来事であり、「いま語られているワークの生きられた身体を通した、ある技術(能力)と結びついた進行過程」を指している。そして矢印は、社会分析家の熟練した「方法手続(methodic procedure)」を指す。最後の(　)は「方法手続」によって特定化された説明である。言い換えれば、(　)は分析家の注意深く、熟練した、テクニカルな方法手続を通して、発見され、集められ、特定化され、トピックとして論理的に議論され、観察可能にされた「記号化された対象(signed object)」である。[6]

パーソンズの社会学は、今紹介した図式によればどう表現されるだろうか。端的に言えば、彼の社会学によって発見された社会は（　）であるし、パーソンズにとっては形式的で構築的な「方法手続」→を使うことによってのみ、（　）が特定できるのである。つまり、パーソンズの社会学は→（　）だけによって成り立っている。これに対して、エスノメソドロジーにとっての社会は（　）の中には存在しない。むしろ、生きられた社会秩序として〜〜の中に存在する。そして、〜〜の秩序性は、これまでの研究方法を拒否する「エスノメソドロジー的無関心」というポリシーと、ローカルな場面における「まさにいま—ここで(just thissness:haecceity)」組織化されたものごと（thing）を発見することによって研究することができる。これこそが「個性原理」の経験的記述になる。[7] こうして、パーソンズに代表される構築的分析とエスノメソドロジーとは互いに共約不可能で、非対称的な社会分析のテクノロジー（two incommensurable, asymmetrically alternate technologies of social analysis）なのである。

さて、これまでの議論によって浜の立てた疑問は答えられたのだろうか。浜が論難するように、パーソンズもエスノメソドロジーも、ある種の観察方法を使うことに疑問の余地はないようだ。では、エスノメソドロジーも科学的な客観主義という認識論的立場にくみするのだろうか。少なくともガーフィンケル自身のことばにしたがえば、それは全くの誤りであることは見てきたとおりである。「解釈定理」が示すように、――自体に決して到達することのできないパーソンズに対して、ガーフィンケルは自分たちこそが生きられた生活世界を記述することができるのだと主張しているからだ。

しかしながら、両者とも同じ外部に立った観察方法を採用する以上、どこかに方法的な違いがなければ、結果的にはパーソンズの分析もエスノメソドロジーも同じ分析だということになってしまうだろう。さらにまた、エスノメソドロジーの研究が生活世界の「発生的初源(genetic origin)」を発見するというフッサール以上に果敢な現象学的主張は、もし僭称でないとしたら、どのように証明されるのだろうか。またもしこの主張が正しいとしたら、それはポルナーの指摘するように「内生的リフレクシヴィティ」に埋没して、ラディカル・リフレクシヴィティを忘却することにつながらないのだろうか。

身体を媒介にした対話的コミュニケーション

ガーフィンケルの言い方を字義通りにとって再度検討してみよう。パーソンズの分析は、なぜ生きられた現象に到達することができないのだろうか。「伝統的な秩序研究」は、アクチュアルな状況に身体を通して埋め込まれている場合には——を認めていながら、同時にそれが採用する定義や研究方法を押しつけることによって、ローカルな場面で内生的に組織化される——を、最初から最後まで一貫して見逃してしまうことになるからだ。すると現象として立ち現れるのは、「方法手続」によって得られる（　）であり、ガーフィンケルの従来の言い方を使えば、↓（　）によって——が隠蔽されてしまう。すると、最も根源的な現象という意味では——こそ「ラディカルな現象」になる。しかも、——の研究は既成の概念や方法によっては決して発見されることはないため、「エスノメソドロジー的無関心」を発動することで、既成の方法を捨て去って——の中に身体を通して入り込み、その場でものごとが組織されるまさに独特の様式（「個性原理」）を経験的に「発見する」（dis-cover）のである。

このガーフィンケルの表現の中に特に注意しなければならないことがある。それは——の研究は経験的（empirical）に発見できるということばである。これはある意味では、パーソンズのように科学的に洗練された観察ではなく、むしろ自然に生起する出来事をその経過に沿って観察する立場、つまり、博物誌やエスノグラフィーに近いというニュアンスが読みとれる。実際に会話分析のように、録音された会話を使って微細な分析を行う立場も含めて、エスノグラフィックな精神をある程度もっていることは確かだ。しかしながら、これをパーソンズとエスノメソドロジーの観察方法の違いとして取り上げても、両者の認識論的立場の重大な違いは出てこない。

では両者の決定的な違いは何だろうか。それは、このエスノグラフィックな方法の実践の仕方にある。それはエスノメソドロジー的無関心の具体的な内容と言ってもよいだろう。つまり、エスノメソドロジストが「いま語られているワークの生きられた身体を通した、ある技術（能力）と結びついた進行過程」に自己の身体と「世俗的コンピタンス(vulgar competence)」を通して同時に埋め込まれているために、それを「発見」することができるというところではないだろうか。つまり、エスノメソドロジストは、矢印とマルカッコ→（）からなる理論的態度を捨て、自分の身体を通してローカルな状況に入り込むことによって、それを可能にしているメンバーのコンピタンスを何らかのかたちで獲得するのである。そして今度は獲得したコンピタンスを相対化することによって、それを「発見する」のである。これはいわば、超越論的自我を措定しない身体論的な実践的現象学ということになる。その意味では「エスノメソドロジー的無関心」はふつう理解されているように、科学的関心や世俗的関心をいったんかっこでくくるという操作ではない。むしろそれは実践的現実に入り込んでいかなければ、なにが起こるかわからない「能動的理解」を方針とするということの表明であろう。

このようにしてガーフィンケルの「個性原理」の記述方法を再検討していけば、それがリンチの主張するような「分析的」レベルにではなく、研究者の身体を通して生活世界に投錨するというシュッツの「能動的理解」に、そして、ポルナーの自己言及的なラディカル・リフレクシヴィティのレベルに近いことがわかってくる。すなわち、パーソンズの「構築的」社会分析とエスノメソドロジーとを明確に分かつポイントとは、それが科学者の単なる想像上のモデルを当てはめる「受動的理解」ではなく、研究者が自分の身体を実践的な現実に投企する「能動的理解」であるかどうかにかかっている。ガーフィンケルたちが言うように「エスノメソドロジーは、あるローカルな文化の中に〈埋め込まれている〉(embedded)[8]」のである。

ここで浜の問いに答えるかたちでまとめよう。エスノメソドロジーとパーソンズとの共通点は、両者とも超越論的な内省を捨て、外部の観察者の立場を採用したことにある。しかし両者を分かつ点は、パーソンズが理論的方法手続きを用いて社会秩序を解釈するのに対して、エスノメソドロジーは理論的手続きを放棄することで、ローカルな状況それ自体に身体を通して投錨しようとすることにある。この行為は第二章でみた「身体を媒介にした実践的で対話的なコミュニケーション」そのものである。しかしながら、なぜこれがリンチのようなポスト分析社会学へとつながっていく主張に読みとられてしまうのだろうか。あるいは、どのようにしてこれがポルナーの「内生的リフレクシヴィティ」の問題へとつながっていくのか。

チックかっことマルかっこを使って表現すれば、｛｝の研究は受動的な認識のレベルには存在せず、分析者自身もローカルな場面において身体をもって｛｝に参入する能動的認識によって可能になる。これはいま確認したとおりだ。にもかかわらず、ポスト分析社会学は「身体を通した、ある技術と結びついた進行過程」を物象化し、それを分析によって「発見」される「もの」であるかのように表現してしまうのである。こうして、能動的認識を排除したスタティックな分析自体が成立してしまう。ポルナーはこれを内生的分析と呼んで批判し、ものごとが実践的に生起する場所、つまり能動的認識の場所へとふたたび帰っていくことをラディカル・リフレクシヴィティと呼んだのだ。

両者を分かつポイントとなる問題は、身体を通して状況に入り込むことを可能にするメンバーのコンピタンスにある。ガーフィンケルはそれを博物誌的に発見するものとして表現するが、コンピタンスをローカルな歴史性や政治性から切り離し、「発見して」記述できるものと考えたとたんに、予測不可能な他者に対して、どのように応答していくかという対話的コミュニケーションと権力の問題は消え去り、その代わりに、当該状況をコンピタントに読み取るメンバーの方法あるいはメカニズムを記述する問題が前面にでてくるのである。ここには浜が指摘したような科学的な客観主義がふたたび形を変えて忍び込んでいるかもしれない。つまり、社会現象はメンバーのコンピタンスという実践を通してアクセスできるものである以上、それはある意味で誰にでも開かれている。ところがそれを観察者にとって経験的に記述可能なものであると主張すると、観察者であるエスノメソドロジストと、実際に当該状況にコミットしているメンバーとのあいだに一線が引かれてしまうのである。これは浜が最近指摘しているように、[9] 科学者と日常生活者とを分離し、科学者の認識上の地位を特権化する科学主義ではないだろうか。むしろ、どちらも同じように身体を通したメンバーの実践に携わることで、当該現象をアクセス可能にしているのだから、両者に違いがあるとしたら、それは権力現象なのである。

　このように考えていくと、ガーフィンケルが唱える「独特の様式への適合性要件」の方法や「個性原理」も超越論的現象学が陥ったのと同じアポリアを抱えていることがわかる。それは「この私」が出会う「この現象」のユニークさを「個性原理」の記述という客観主義的で科学的な記述にすり替えてしまうという問題である。そして「個性原理」として記述してしまえば、それはパーソンズの理論と同じ受動的認識になってしまうだろう。つまり、身体を通して状況に入り込む「能動的認識」とは、何らかの方法や原理ではなく、シュッツの「よそもの」論が示すような、一回性の対話的コミュニケーションそのものであるからだ。そしてそこで初めて、自らの行為に対して応答する他者が存在するようになり、そしてそのつぎに、他者の応答に対して政治的・道徳的責任をとる私が存在するようになる。第一章で触れたラディカル・アカウンタビリティを要請するポリティックスの誕生である。その意味では「いま―ここ」の「個性原理」の研究とは、歴史的な一回性（local historicity）が社会構造という一般性に回収される瞬間を脱構築する研究である。

結論として、ガーフィンケルの「個性原理」にこだわる傾向を現象学的であると同時に、科学主義的でもある偏向として位置づけよう。そして、個性原理の脱構築を実践すれば、チックかっこの研究とは、エスノメソドロジストもまた、ローカルな文化の構成に「共犯者」として加担しているということを意味する。そしてメンバーの「共犯者」性を問題にしようとすれば、自明視されたコンピタンスを距離化し、相対化しなければならなくなるのは当然である。それがポルナーの提唱した、自らの営みも含めてラディカルな批判の対象とする「ラディカル・リフレクシヴィティ」である。

経験的分析から批判実践へ

私はシュッツからエスノメソドロジーが継承した最大の遺産は、常識のモノローグ性を相対化し、実践的現実へ身体を通して関わっていくこと、つまりシュッツの言う「能動的理解」の政治的重要性であると考える。しかしこのことの重要性は、現在のエスノメソドロジストたちによってあまり認識されていない。例えばある研究者たちは｛　｝から（　）への移動を、シュッツの多元的現実論を参照して、ある現実から別の現実への意識の流れの移動として解釈する。[10]しかし、こうした認識論のレベルだけでシュッツを捉えてしまえば、シュッツは実践的な身体のレベルで多元的現実論を語っているのではなく、単に「ものごとの組織化が行われる場」が意識の流れとともに変化すると主張するだけになってしまう。そしてこの捉え方は、超越論的自我による徹底的な還元を遂行しようとするフッサールの亜流としてシュッツを考える見方につながるだろう。

この意味では、シュッツを受動的認識のレベル（つまり意識の流れ）だけで捉えようとするエスノメソドロジストたちは、身体を通して入り込んだチックカッコ｛　｝の「具体的諸活動」を、ふたたび身体を消去した受動的認識論のレベルにもどそうとしているように見える。そして、もし外部の観察者が状況に内生的なリアリティ構成過程から免除されるとしたら、エスノメソドロジーはまさしく通常科学の客観主義的立場と変わらなくなるだろう。そのうえさらに、エスノメソドロジーが通常科学とは違う「分析的」レベルにあると主張するなら、それは日常世界とは隔絶した純粋な意味空間を想定したり、あるいは、フッサールのような超越論的立場を想定せざるをえなくなるのではなかろうか。それは自己完結した実証主義的「ノーマル・サイエンス」に堕していく危険性につながっていく。つぎの章ではこの方向に抗して、エスノメソドロジーの歴史的展開の中から、常識批判としてのエスノメソドロジーの流れをたどっていきたい。

第四章　批判実践としてのエスノメソドロジー

七〇年代とエスノメソドロジー

ガーフィンケルは、七〇年代の西海岸の若者文化を代表するといわれるカルロス・カスタネダの大学での指導者であった。批判実践としてのエスノメソドロジーを問題にするとき、カスタネダから始めるのが適切だろう。

カスタネダについてはいまさら多くを語る必要はないだろう。カスタネダはメキシコのヤキ族のシャーマン、ドンファンの教えを人類学的フィールドワークによって生き生きと描き出した。[1] 彼のエスノエッセイは事実としての信憑性を疑われる場合もあるが、重要なのはそれが真実であるかどうかよりも、これらの著作が当時の若者文化に与えたインパクトだろう。たとえば、カスタネダはドンファンに何らかの理由でおびえて何もできなくなった子どもにどう対処したらいいか相談する。私たちの常識では、カウンセリングを受けさせたり、勇気づけたり、ゆっくり休ませたりといったアドバイスをするのがふつうだろう。ところがドンファンの答えはまったくちがっていた。知らない男を雇って、どこかで不意に子どもを襲わせ、子どもの世界を混乱させ、その後で、もうだいじょうぶだということを子どもに伝える。それは、子どものおびえた世界をいったん停止させ、その後で新しい世界を再構築するというものだった。ドンファンは言う。「子どもの世界を停止させるんだ。Stop the world！」[2] 私たちは日常的な慣習的実践によって協働でこの世界を作りだしている。したがって、世界を構築することをストップしたら、この世界は成り立たなくなるのである。

　哲学者か宗教家のような峻厳で神秘的なことばを発するかと思えば、時にはユーモラスで慈しみにあふれたドンファンは七〇年代の救世主的存在であった。現実は私たちとは無関係な存在ではなく、まったく反対に、私たちが自分でも知らないうちに共謀して作りだしているものである。だとしたら、私たちが現実を構築する方法を探しだし、それを「しない(not doing)」ことによって、この「客観的」現実を停止させ、解体することができる。そして、この現実の呪縛から解放されると、シャーマンの住処である別な現実の世界へも足を踏み入れることができるのである。現実は多元的なものなのだ。こうして、カスタネダのメッセージはエスノメソドロジーの名とともに七〇年代のカリフォルニア文化を代表するものの一つとして広まっていった。

現象学とエスノメソドロジー

カスタネダが伝えたドンファンの教えと現象学、そしてエスノメソドロジーの接点はどこにあるのだろうか。エスノメソドロジストの著作のなかでもカスタネダに非常に強く影響を受けたと思われるメハンとウッドの『エスノメソドロジーの現実』[3]は、自明性を疑うことから出発する現象学的な懐疑の精神に貫かれている。たとえば彼らの現実（リアリティ）の五つの特徴はこうである。現実はリフレクシヴ（相互反映的）なものであり、一貫した知識体系として表現され、相互行為活動を通して維持されているが、壊れやすく脆いものであり、互いに異なる現実間には相互浸透性がある。

現実がリフレクシヴなものであるとはどういうことだろうか。彼らはエヴァンス＝プリッチャードのアザンデのフィールドワークから、興味深い結論を導き出す。[4]この文化人類学者はフィールドにおいて彼らの鶏を使った占いが矛盾したもので、非科学的であることを説得しようとする。メハンたちはアザンデたちがこの説得にはけっして応じず、むしろ矛盾として指摘されたことがかえって彼らの占いの信憑性を高めるのに使われたことに注目する。つまり、現実は疑問を持ったり、変更したりすることがそもそも考えられないワンセットの無謬原則（incorrigible principles）の上に成り立っているのである。それでは、アザンデの人々は荒唐無稽な信念に凝り固まっているということだろうか。いや、そうではない。メハンたちはこの人類学者の依拠する現代科学や合理性についてもまったく同じからくりを認めていく。エヴァンス＝プリッチャードもまた、自分の文化の無謬原則に基づいて、相互反映的に自己のリアリティを産出している。つまり、一見非科学的に見えるアザンデの魔術も、人類学者の依拠する現代科学の合理性も、どちらも無謬原則の上に成立している点で同じものなのである。この意味でリフレクシヴィティとは、現実（リアリティ）には根拠づけがないということを示すと同時に、現実の根拠は、いまここにある自明性にしかないことも示している。つまり、相互反映性とは現実の可能性の何らかの限界や極限を示唆する用語でもある。

ここから導かれる社会観はエスノメソドロジーの研究プログラムを導く。すなわち、私たちがある文化のメンバーとして、日常的な協働的やりとりを通して、文化の内部から絶え間なく「共通に知られているものとしての」社会を確認し、再生産している方法・様子を記述するというものである。このメンバーの方法こそエスノメソッドである。

これまでの社会学との根本的なちがいがここに表現されている。まず私たちはある主観的意図を持った行為者であるというより、メンバーである。つまり、私たちは個人として行為する以前に必ずある文化のなかに生まれ、その文化の一人のメンバー（成員）として、他のメンバーが社会を見るのと同じように「適切に」社会を見ることができる。たとえばアザンデ社会の中で、鶏の占いにいちいち文句をつける人は「よそ者」か、あるいは成員資格を疑われることになる。さらにまた、アザンデのメンバーであれば、鶏の占いに疑問をさしはさむことが非常識であるように、私たちのこの世界の見方は、徹頭徹尾何らかの道徳性や規範性に貫かれている。そしてこの社会で生活するためには、そのこと自体が前提になっている。

ここに含意されていることは、私たちは当該文化の中で慣習的に行われている考え方や推論方法を自由に駆使できるということ（コンピタンス）であり、また、それを通して日々具体的な場面において以前とほとんど変わらない社会を内部から再発見しているということである。しかもガーフィンケルが指摘するように、このエスノメソッドは自明視されているために、協働で実践されているにもかかわらず、私たちにはほとんど見ることのできない隠れた（オカルト）現象なのである。

ガーフィンケルがどのようにしてシュッツの現象学的社会学をエスノメソドロジーに料理したのかはすでに第二章で述べたが[5]、彼の研究プログラムの中に現象学から継承した自明性の相対化の要素を見いだすことはやさしい。しかしながら、カスタネダ流のエスノメソドロジー解釈が問題を持っているとしたら、それはあまりにも安易に現実の構築作業（エスノメソッド）を停止したり、変形できるかのようなニュアンスを伝えたことだろう。すぐ後に問題にするように、たとえば差別問題を考えたときに、現実構築作業はその場その場で非常に巧妙に編成されていくために、それを中断することは困難をきわめる。さらにまた、現実構築作業はメルロ＝ポンティが明らかにしたように当該の相互行為に受肉しているため、進行中の過程の中から少しずつ同時進行的に形成されるものである。カスタネダのメッセージだけをとりだせば、こうした微細な織りなしが視野から落ちてしまいがちになる。

それでは私たちをかくも強力に現実構築作業に繋ぎ止めておく拘束力とは何だろうか。それはメンバーの資格を規定していた道徳的・規範的力に他ならない。つぎにそれを詳しく見ていこう。

「ガーフィンケリング」と判断力喪失者

世俗的?理解のなかで、エスノメソドロジーが有名なのは「ガーフィンケリング」と称された、日常世界の背後期待を意図的に攪乱する実験である。第一章で紹介した「カウンセリング」実験がその例である。ここでもう一度その要点を確認しよう。この実験においては、あらかじめランダムに選ばれた答えをカウンセラーが隣室から伝えるだけなのに、被験者はそれを自分の問題に対する思慮深い答えとして解釈していったのである。[6]
このことは非常に革命的な発見であるように思われる。つまり意味を読みとることができないはずのものに、社会的意味を見つけだし、さらにまた、被験者の独白的な世界が出現するはずなのに、そうではなく、カウンセラーがまじめに応対してくれる（はずの）間主観的で道徳的な社会的世界ができあがっている。ここから導かれるのは、私たちは世界を作りだしていながら、そのこと自体に気づかないばかりか、当の世界に誠実な成員であり続けるということである。ガーフィンケルのことばを借りよう。

成員はこの世界を、「歴然たる当たり前の事実」（natural fact of life）として考えている。しかも、彼らにとり、この歴然たる当たり前の事実とは、あらゆる点で生活の道徳的な事実をなしてもいる。つまり、成員にとって、物事はなじみぶかいからということだけで、歴然たる当たり前の事実となっているばかりでなく、それを歴然たる当たり前の事実として受けとめることが、道徳的に正しかったり正しくなかったりすることにもなるので、物事はまさに道徳的な事実になっているのである。[7]

たとえばここで、もし相手がカウンセラーではなく、赤ん坊であったら、もっとこのことがはっきりする。赤ん坊はオギャーと言ったり、ワーワー泣いたりする。私たちはそこに赤ん坊のさまざまな表情や欲求を読みとることができる。おしっこしたいから、おなかがすいたから泣いた等々のメッセージである。しかし赤ん坊には、私たちが帰属するような意図は備わっているのだろうか。この実験の教えを生かすなら、赤ん坊には意図は存在しない。むしろ私たちがすでに間主観的存在として生きているから、赤ん坊にまじめな意図を読みとっていくのである。つまり、すでに日常世界のメンバーである大人が存在して、初めて子どもに意味や世界を示すことができるということだ。逆に言えば大人が存在しなければ、そもそも意味のある世界など作り出すことができないということになる。

　ウィトゲンシュタインをパラフレーズするかのように、ある発達心理学者はつぎのように言う。「私たちという記号の解読者がいるからこそ、子どもの〈からだ〉は記号になりうるのです。私たちは、ある言語共同体に属する〈語る〉存在です。一番重要なのはこのことです。すでに語る存在である私たちが育てるからこそ、子どもたちはまた語り始めるのです[8]」。

　ところがここで重要なことは、私たち大人が最初から子どもに意図が備わっていると思いこんでしまうことだ。つまり、実質的な共通理解は存在しないにもかかわらず、当該文化の成員として知っている常識的知識にすすんで従うことによって、私たちは協働で赤ん坊の要求にまじめに答えなければならない間主観的世界を作りだしているのである。このことはもちろん、「家族生活」における他のさまざまな出来事についても言えるだろう。[9] ガーフィンケルは現実を壊す実験の結果わかったことをつぎのようにまとめている。

……共通理解が可能となるのは、社会構造について範囲が厳密に規定されている知識を共有しているからではなく、もっぱら日常生活についての［背後］期待にそって行為することが、道徳的なこととして強制されているからに他ならない。社会の成員にとり、社会生活上の諸事実についての常識的知識は、現実の世界についての制度化された知識なのである。（中略）この場合、成員が自ら進んで従う背後素地とは、その社会の「内部から」見えるがままの社会生活に関する信念の正統な秩序のことである。成員の視点に立った場合、成員が背後素地にあえて従おうとすることは、「社会における歴然たる当たり前の事実」を把握しそれに承服することに他ならない。[10]

ガーフィンケルの問いかけがラディカルなのは、まさにここにおいてである。もし社会秩序をデュルケームのように実体化して考えるなら、道徳的秩序は第一の社会的事実になってしまうだろう。しかしながら、道徳的秩序は社会的事実として存在するのではない。むしろ、私たちが「『社会における歴然たる当たり前の事実』を把握しそれに承服」するから、道徳的秩序が「事実」として成立するのである。それは私たちが自発的に「行為の責任」をまっとうする「誠実な成員」にとどまっているから、成り立つ現象である。

しかしながら、これは奇妙な逆転現象と言うこともできる。なぜなら、社会秩序は私たちが協働で作り上げたものなのに、私たちはそれを実体化し、それに従属してしまうのである。ここにマルクスの概念に類似した一つの「物象化」のメカニズムを読みとることもできよう。[11] ガーフィンケルはこうした「物象化」による疎外現象を「判断力喪失者」(judgmental dope)の状態と呼ぶ。彼によれば、社会学者や心理学者は単純な理論によって、人間をよく「判断力喪失者」に仕立て上げるという。つまり人間は社会を協働で構築するコンピタントなメンバーであるにもかかわらず、心理学や社会学の単純化された理論は、欲求や社会構造に拘束され、それに従順に従う人間像を生み出すのである。しかし興味深い点は、ガーフィンケルが日常生活者もその例外ではないと断言するところにある。つまり、第一章で述べたように、日常世界の背後期待に背くことが不安を呼び起こすとき、メンバーは自らすすんで「判断力喪失者」になってしまう。[12]

しかしここで問題にしたいのは、こうしてできあがった社会秩序の特徴である。それは、当該状況において実践的・道徳的にふさわしい秩序を判断しながら、それを協働で達成することができる、いわば、メンバーの卓越したブリコラージュの産物としての秩序である。判断力喪失者という消極的な表現とは反対に、メンバーは当該状況にふさわしい実践的推論（practical reasoning）を協働で使用することによって、自明視された社会を内部から組み立てているのである。その意味では私たちは道徳的秩序を巧みに協働で表示することができる「実践的な倫理学者」である。これで現代社会を批判的に検討する道具立てが整った。つぎに、フーコーの権力論との共通点も指摘しながら、いよいよ、エスノメソドロジーのクリティークとしての可能性を追求することにしよう。

権力作用としての道徳的秩序

エスノメソドロジーがターゲットとする社会現象とは何だろうか。ガーフィンケルはエスノメソドロジーを構想する以前に「カラートラブル」という小説を書いていた。そこには一九五〇年代において黒人を差別するジム・クロウ法の実態の一部が描かれている。それはガーフィンケルが実際に目撃したと思われるバスの席をめぐる差別の現場である。ニューヨークからきた黒人の若者たちが、バスの後部座席に座らずに、白人専用とされる中程の席に座ったことから事件は起こる。バスの運転手とのちょっとしたいざこざのあと、警官が二人を逮捕するのである。[13]

この事件について下される一般的な評価は、過去の黒人差別の実態を記録したことだとされるかもしれない。しかしガーフィンケルの着眼点は、それとは少しちがっている。彼はこの事件を「知覚の衝突」として特徴づけるのである。つまり、この事件を単純な政治的利害の衝突というより、異なる準拠枠にしたがって異なった現象が「知覚」されるようになる「知覚の衝突」として捉えたのである。同じ現象に見えることとは、知覚が違えば、違う現象になる。そして白人というマジョリティの「自然な」知覚は、黒人の知覚を否定する。ここには対立する複数の知覚が存在し、しかもある知覚に従って行動することが、逮捕されたり、暴行を受ける結果を招くものとして考えられている。それではここで働く暴力とはどのような社会的力なのだろうか。私たちがある文化のメンバーとして「自然な」世界を認知するとしたら、ここに描かれている事件は、自然な自明性が暴力に転化する事態である。つまり、日常世界の自明性が他の「知覚」を暴力的に排除している。したがって、この社会的力を自明性を土台として働く「権力」現象として捉えることができるだろう。ところが、こうして考えられた「権力」現象は従来の権力現象とかなり異なったものであることがわかる。たとえば、従来の権力概念は、一方には行為者を想定し、他方に行為を水路づける社会構造を想定していた。このモデルに基づいた「権力」現象は（1）個人の利害を他者の反対を押さえて実現する主意主義的なモデルと、（2）社会構造や制度による個人の支配という構造的モデルの二極化した権力現象しか論理的に帰結しないことになる。しかしながら、ここで問題にしている権力は、そのどちらでもない。むしろ、メンバーが絶えず協働で産出しているにもかかわらず、それが自明であるために、「自然な社会」として転倒して構築され、その結果、メンバーに対して道徳的拘束力を及ぼす「権力」である。さらにまた、メンバーが自明視された実践的推論を協働で遂行することによって、自らもその権力の編成にその場その場で巻き込まれていく「微細な権力」である。

このような権力現象を中心的テーマにしてきたのは、言うまでもなくミシェル・フーコーである。フーコーによれば「権力の行使それ自体は暴力ではないし、合意でもない。もちろん、合意はその可能性を隠してはいるが、変更可能なものである。権力行使は行為の可能性に作用する諸行為の構造全体を指す。それは奨励し、誘導し、巧みにそそのかす。さらにまた、ものごとをやりやすくしたり、困難にしたりする。極端な場合には、権力行使は完璧に拘束したり、禁止したりする。にもかかわらず、それは単数の行為主体や複数の行為主体の行為や行為の自由に基づいて、彼らに働きかける行為の様式であり続ける」[14]のである。

こうしてフーコーにとって、権力の根本的な問題は「行為の可能性を導き、その結果生じる出来事を整序する」「統制」へと向かう。「統制」は「個々人や集団の行為に進むべき方向を指導する。（中略）それは、正当なものとしてすでに確立された政治的・経済的服従を含むだけでなく、多かれ少なかれ意図や計算も入っているが、他者の行為の可能性の地平に作用する目的をもった行為様式をも含んでいた。この意味で『統制する』とは、他者の行為の潜在的可能性の地平を構造化すること」[15]である。そして、他者の将来の行為を構造化する領域とは、行為の画一性（singular mode of action）が見られる領域なのである。こうしたフーコーの権力概念を従来のそれと区別するために「権力作用(power effects)」と呼ぼう。

では権力作用は行為を通してどのように働くのだろうか。この権力形式は「日常生活に直接関わっている。つまり、それは個人をカテゴリー化し、個人に個別性を刻印し、個人を自分のアイデンティティに結びつけ、個人に一つの真理法則を強制する。個人はその真理法則を認めなければならず、また他者もその個人のうちにそれを認めなければならないのである。これは個々人を主体にする権力形式である。ここで『主体』ということばには二つの意味がある。一つは統制と依存によって他の誰かに服従するという意味であり、もう一つは、良心や、自己についての知識によって自分自身のアイデンティティに結びつけられているという意味である」[16]。

エスノメソドロジーの立場から以上のことを言い直してみよう。ある文化コミュニティのメンバーは、状況を何らかの形で認知する能力をもった時点で、すでに社会構造の刻印を帯びている。メンバーは自己の主体性の形式（アイデンティティ）を選び取らされるだけでなく、他者との社会関係の形式や、状況の構造化も文化によって型どりされる。しかもこれは文化に浸透した認知＝判断作業をメンバーが積極的に協働で行うことによって、つまり実践的推論のプラクシスを通して、その場その場で達成されていく。フーコーが指摘したように、メンバーの協働による微細な権力の編成という視点からすれば、全体化＝構造化の方向も、個体化の方向も同一の運動の二つの局面である。

これまでの議論をまとめるなら、エスノメソドロジーの問題とする権力現象とは「権力作用」の現象であり、私たちの日常世界が自明視されているということこそ、権力作用の働く土台に他ならない。そうだとしたら、私たちは「常識」の拘束力に抗いながら、常識自体を複雑な権力作用の交差する場所として捉え直さなければならないだろう。[17] ここで立てられる研究方針とは、メンバーの認知や推論を同一方向へ導いていくような微細な編成をいかにして解体していくか、あるいは、それを解体する過程で、それがどのように編成されているのか明らかにすることである。そして、具体的な局面において秩序や意味が一元的に構成されていくことに注目するのではなく、むしろそこに隠蔽されている「異なった知覚」や、意味の対立やほころびといった側面に注目しなければならない。それは常識の批判と常識の解剖へと向かうだろう。マッコールはそれを批判的エスノメソドロジー（critical ethnomethodology）の実践と呼ぶ。[18] しかしながらある意味では、エスノメソドロジーの実践とはすべて何らかのクリティークではないだろうか。つぎにそれを具体的に見ていくことにしよう。

批判的エスノメソドロジーの実践

私たちはまず最初に「異なった知覚」を排除する巧妙な常識の実践を明らかにすることができる。それは一見ソフトでありふれたものに見えながら、「異なった知覚」としてあてはまるカテゴリーに対しては、冷徹な排除と差別を遂行していく協働的実践である。そして排除と差別を遂行しながら、それをブリコラージュによって隠蔽し、正当化していく実践でもある。では「異なった知覚」とは何だろうか。常識の自明性こそ「権力作用」の働く土台であるのだから、「異なった知覚」は当該状況によって、あるいは時代によって当然違うものになるだろう。しかし現代日本において「他者」性を刻印され、何らかの仕方で巧妙に排除され、差別されるカテゴリーとして、すぐにいくつかのカテゴリーを挙げることができる。たとえばそれは、障害者や女性、あるいは被差別部落といったカテゴリーである。ここでこれらのテーマをめぐって順番に、ここ十年くらいのあいだに私たちが行ってきたエスノメソドロジー研究をレビューすることにしよう。

障害者は「福祉」のメタファーのもとに語られることによって、現実の排除と差別を隠蔽されてしまうことが頻繁である。このことは直観的にはわかるけれど、どのようにして排除が巧妙にカモフラージュされていくのか明らかにすることは難しかった。エスノメソドロジーの分析が重要になるのはここにおいてである。たとえば、要田はダウン症の子どもを持った母親のインタビューを通じて、出生時の夫や親族、あるいは近隣の人々の言説がどのように組み立てられているか明らかにした。それは障害児と、その母を露骨に排除していく実践的推論である。[19] また、自立生活をする車椅子の障害者にとって、介助者と一緒に行動するときに、自己の主体性を無視されたように感じる場面に出会うことが頻繁である。それは、買い物などの公共的な出会いの場面において、障害者である自分よりも先に介助者が、やりとりの主体として相手に選ばれてしまうという現象である。障害者と介助者というセットにおいて、どのようにして障害者が行為主体として無視されていくのか、その問題を扱ったのは、岡原・石川・好井の「障害者・介助者・オーディエンス」[20] と、山崎・佐竹・保坂[21] である。これは常識に浸透した障害者排除の実践を、微細な相互行為レベルにおいて解明したものである。

さらに、障害者をからめとる福祉というメタファーによって、一見美談とされる慈善的行為がいかに障害者を「何もできないもの」というカテゴリーに呪縛しているか明確に分析したものとして、好井「『施設に暮らす障害者』というカテゴリー化」[22] がある。これはＮＨＫ

の地方局が製作した、障害者施設での電動車椅子のトレーニングをテーマとした番組の分析である。ここでは熱心な施設職員が懸命に電動車椅子の運転を入所者に訓練し、その成果が実って、障害者たちが自動車運転免許に似た「許可証」を取得し、施設名の入った黄色い旗を立てて、近くの喫茶店までコーヒーを飲みにいくことができたという「美談」が描かれている。だが、なぜ電動車椅子に「許可証」が必要なのだろうか、あるいは、電動車椅子を運転できるのに、どうして施設に居続けなければならないのか、という疑問を持ったとたんに、この「美談」は音をたてて崩れてしまう。つまり障害者は施設に収容されるものだということが、問われることのない前提となっている時だけ、美談は美談として成立するのである。好井はこの番組の組立を細かく解体しながら、視聴者に向けられた「福祉的意味」の歪みと権力作用をたんねんに解読する。

障害者施設と類似の空間として、私は治療共同体を実践する精神病院において、どのような言説が組み立てられているか分析することによって、それが入院患者の「教育」を目的とする一種の学校空間を作りだしていることを明らかにした[23]。あるいは、沖縄県のある精神病院の閉鎖病棟におけるフィールドワークから、「治療的距離」というカテゴリー使用が状況によって異なっており、家族的雰囲気の醸成が治療的効果よりも、患者のアイデンティティの剥奪というマイナスの結果を産む危険性を指摘した[24]。

つぎに女性というカテゴリーに移ろう。私たちは一方では就職における差別など露骨な女性差別を問題にすることが多いが、エスノメソドロジーが本領を発揮するのは、常識に浸透した見えにくい女性差別である。たとえば、江原・山崎・好井は日常会話において、話の相手を無視した割り込みがどのように発生するかを「会話分析」の手法を用いて分析し、男性の方に割り込みが圧倒的に多く、しかも女性は男性に発言権を譲ることが頻繁であることを分析している。これは私たちが知らないうちに実践している「権力」の一形態とも考えられるだろう。[25] だが非常に興味深い排除の実践は、カテゴリーを使用することによる排除である。たとえば山崎は「ミスコンを批判するような女性」というカテゴリーが、どのようにして目の前にいる女性を、他の女性たちから分断し、敵対させる力をもっていくか細かく分析している。[26] これは露骨な排除と考えられることは少ないにもかかわらず、一つの明確な排除を遂行する点で巧妙なブリコラージュと考えられる。さらにまた好井は、ある大学のシンポジウムにおいて、セクシャル・ハラスメントが組み立てられていく様子を会話データに基づきながら克明に分析している。[27] ここにも「セクハラ」が日常会話において、つねに冗談の種として無効化されていく現実の一側面を連続して見いだすことができる。

最後に部落差別について問題にしよう。「同和問題」についての啓発が日常化した現在、私たちは露骨な部落差別を目撃することはまれになっている。しかしそれと比例するように、部落差別を隠蔽したり、部落問題と関わらないようにしようという傍観者的態度や、自分と部落問題を切り離す「距離化」の実践が支配的になっている。エスノメソドロジーはまず距離化の言説がどのように編成されているのか明らかにすることができる。私は部落問題に対する意識調査の自由回答欄から距離化の言説を抜き出して、それらがどのような実践的推論を構築しているのか細かく分析した。[28] 一つの興味深い推論構造として、いったんは差別しながら、それを一般的な道徳や理念を持ち出して正当化することで、当事者である自分をこの問題から切り離す手続きを確認することができた。こうした推論は私たちの距離化の言説を構成する言語ゲームの一部と考えられる。また、好井は差別発言の中にもこれと同じ正当化の実践的推論のメカニズムを同定している。[29] そこには一般的には「正しい」とされる部落問題の知識が、ある特定の文脈で用いられることによって、ぎゃくに差別を正当化していく仕組みを目撃できる。まさにフーコーの主張するように、言説それ自体は真でも偽でもなく、特定の文脈における言説の編成によって、その効果が産出されるのである。

一方に部落差別問題を距離化し、無効化していく日常的戦略がはりめぐらされているなかで、いったいどのようにして部落問題をアクチュアルなものにすることができるだろうか。それには距離化の実践的推論が使えなくなるような中断実践（interrupting practice）が必要である。そして中断実践の典型的な空間として、確認・糾弾会がある。山田・好井・亘は確認・

糾弾会のリアリティを実際のビデオ記録を分析することによって克明に描き出している。[30] そこでは「傍観者」的推論は徹底的に中断され、しかもふつうは手に入る距離化の常識的リソースが使用できなくなる。それは確認・糾弾会が「こわい」からではない。むしろそこでは外の空間で使うことができた一般的カテゴリーが使えないからだ。たとえば、目の前にいるのは「被差別部落の人々」ではなく、論理の組立が非常に速く、弁舌の立つTさんであったり、物腰がやわらかでジョークのうまいIさんしかいないからだ。つまり、差別をするとは一般的なカテゴリーに対して行うことであるのに、確認・糾弾会においては、一般的なカテゴリーはそもそも最初から有効性を持たないのである。相手を個人として、生き生きとした出会いを経験したとき、私たちは差別することが難しくなる。私たちが呈示したのは、確認・糾弾会とはその発端の場所だということである。この意味で、常識的カテゴリーに囚われた糾弾される側は「判断力喪失者」そのものである。しかし、カフカの門番とはちがって、糾弾する側はあらゆる手段を動員しながら、糾弾される側を門の中へと誘い込むのである。それは、入ってしまえば何が起こるか予想もできない、実践的で対話的なコミュニケーションの世界である。

こうして具体的な差別と排除の対象となるカテゴリーについて、これまでのエスノメソドロジーの研究を概観してきたが、エスノメソドロジーの権力現象の対象はこれだけではない。最後に現在盛んになってきたいくつかの研究について簡単に紹介しておこう。

専門家の支配に抗して

知識が権力であることを指摘したのはフーコーだが、人間が作った道具であるアーティファクト（人工物）もその例外ではない。たとえばサッチマンはコンピューターのソフトウェアなどのアーティファクトは、しろうとであるユーザーを専門家に服従させる装置であると断言する。彼女が注目するのは現代管理社会に特徴的な専門家の支配の問題である。私が第六章の家庭裁判所の調査官面接において示したように、しろうとが専門家の支配する制度的環境に入っていくとき、しろうとは専門家の設定した制度的アジェンダ（目的や計画）を端的に知らないために、そこには専門家としろうとのあいだに「非対称性(asymmetry)」が発生することになる。しかも専門家はしろうとの実際の協働的実践を知らないことが多い。こうして、専門家は最初から制度的目的を知っているが、これと反対にしろうとはそれを知らず、専門家との具体的な相互行為のあいだじゅう、それは隠されている。そして、どこに向かうのかわからない専門家の行為に対応することで、知らないうちに、隠された制度的目的が実現されてしまうのである。この非対称性を分析することによって、ここから固有のトラブルが体系的に発生することを説明することができるし、それをいかにして回避するかという具体的な対処の方法もでてくる。[31] こうして専門家としろうととのあいだの「非対称性」の問題は、制度的文脈における会話分析の大きなテーマになる。[32]

また、グッドウィンは有名なロドニー・キング事件を取り上げながら、常識的にみれば白人警官たちの「暴行」としか見えない場面が、どのようにして警察の熟練したプロフェッショナルな行為になっていくのか、陪審員に対する警察の説明をもとに克明に分析している。[33] ここでも専門的知識と技術がしろうとの「知覚」を否定し、専門家に従属させるテーマがでてくる。現在私たちをとりまく権力が私たちの安全と福祉に配慮する「生—権力」であることは、フーコーの指摘を待たずして明らかなことである。そしてそこで問題になるのは、日常生活のすみずみにまで浸透した専門家によるやさしいお世話＝管理の問題ではないだろうか。[34] 表面的にはやさしい権力をどのように問題にしていくのか、これがエスノメソドロジーの権力分析の第二章になっていくだろう。本書の第七章における精神科の診断場面の分析は、この例証である。

司法と精神医療という制度的場面における専門家支配を取り上げるまえに、私たちは常識に浸透した差別と排除の協働的実践＝ブリコラージュをもう一度詳しく議論する必要がある。なぜなら、このブリコラージュは差別の対象となるカテゴリー自体を日常世界から巧妙に閉め出していくために、結果として対称的で対等なコミュニケーションが成立しているかのような幻想を生み出すからだ。それは、権力の不均衡も支配も服従も存在しない、均質化されたモノローグの世界である。均質空間と対等なコミュニケーションを想定した科学的探求が成り立つのは、おそらくこうした政治的土壌の上だろう。ところがその陰では、自明視された常識から追放され、不可視となった「他者」が沈黙を余儀なくされ「出口なし」の状況に追いつめられている。

この現象はハンナ・アレントが『全体主義の起源』のなかで明らかにした国民国家の均質化した世界を連想させる。[35] 彼女は、市民社会が国民国家化したときに、意見の複数性からなる公共空間である政治の世界は死滅し、国民国家の言説への同質化を通した「支配」だけが残ったという。これをエスノメソドロジー的に言い換えれば、支配的文化の判断・推論装置が私たちを差別者へと共犯化することをいつもそそのかしているということになる。つぎの章では、差別現象をエスノメソドロジーの観点から考察しながら、この共犯化のメカニズム自体を問題にしよう。

第五章　差別現象のエスノメソドロジー

差別現象とは何か？

差別するとはどういうことだろうか。差別という行為に焦点をあてて考えてみよう。差別とは、社会のあるカテゴリーにあてはまる成員を、本人たちの生きている現実とは無関係にひとくくりにして、価値の低い特殊な者とみなすことによって、彼らを蔑視したり、虐待したりすることである。

しかしながら、差別という行為が実際になされる具体的状況をもっと詳しく見ていくと、ことはそう単純でないことがわかる。多くの差別事件を調べてみてすぐに気づく特徴は、差別する側と差別される側の間の意識の大きな落差である。つまり差別する側は、自分が差別していても、それが「差別」という重大な虐待行為として意識されないばかりか、みんなと一緒に「差別」することで、あたかも当然の行為として正当化されることが多い。この特徴は「いじめ」現象とも共通する。差別された者の抗議によって初めて自分が差別を行ったことに気づくことも頻繁である。

ここで論究していきたいのは、差別者と被差別者との間に横たわる、この非対称性についてである。だが、非対称性ということばはいささかあいまいだ。というのも、ここで暫定的に非対称性ということばで示した現象は、複雑に絡み合った事態を内包しているように思えるからだ。まず、差別する側と差別される側のパースペクティヴが同一ではないことが挙げられる。つまり、差別者は最初から被差別者のパースペクティヴを「排除」しているのであって、被差別者の視点が了解されれば、自分のしている差別の残虐さに気づくこともあるからだ。さらに、差別者は被差別者よりも圧倒的に社会的に上位にあると自己を位置づけている。これも非対称性の含意になるだろう。つまり、差別する側と差別される側の二者間の関係が対等ではないということだ。しかも差別という行為において差別される側の視点は最初から存在しないものとされている場合もある。いずれにせよ、ここには差別とは何かを考えていく上での原理的な問題が潜んでいると思われる。

差別する側と差別される側の間に横たわる非対称性とはいったい何だろうか。これについては、「差別される側」の視点に立つ差別論の問題点を整理している佐藤裕に語らせよう。

彼は、これまでなされてきた「平等」などの「正当性」に訴えた差別の定義がすべて失敗してきたと指摘する。なぜなら、差別を定義するのに「不当」だとか「平等」といったことばを使うと、差別の基準を「不当」や「平等」の基準にただ置き換えただけの「言い換え」になってしまうからだという。これに代わって、この欠点を克服するために、「何が差別か」ということ自体が争われている現実をそのまま捉えようとする「差別の主観的定義」というものが現れてきた。これは社会問題がアプリオリに存在するのではなく、それが問題だと申し立てる（クレイム）活動によって、社会問題それ自体が社会的に構築されるという構築主義（コンストラクティヴィズム）の立場に代表される。[2]

構築主義的アプローチによる差別の定義は、差別は告発されることによって初めて成立するということに集約されるだろう。差別問題で通常使われることばを用いると、差別を被った人（人々）が自分の差別されている現実を不当なものとして、つまり差別であるとして告発するときに、差別という社会現象が生じるということになる。逆に言うと、差別として告発されなければ、差別という現象として構築されないということである。この点は、差別者と被差別者のパースペクティヴの「非対称性」の現象に対応することがわかる。つまり、差別した者が自分の差別行為にまったく気づかず、被差別者からの告発によって初めて気づくといった現象である。したがって、差別される側からの差別論は「被差別の現実」の提示なくしては成立しないことになる。

しかしながら、この「差別される側」の視点に立つ差別論もまた、困難を抱えている。それはこの差別論が「被差別の現実」のみに依拠するところからくる。佐藤裕の非常に行き届いた整理によれば、それは以下の四点に要約される。一つは、差別を告発するためには、差別行為に常に「悪意」や「加害の意図」を想定せざるをえなくなるという問題である。第二に告発の正当性が必ずしも差別者側に理解されるとは限らず、ふたたび「平等」や「基本的人権」といった抽象度の高い規範に訴えざるをえなくなり、克服したはずの差別のトートロジーに陥るばかりでなく、もともとの「被差別の現実」から遠ざかってしまう点である。第三は、差別の告発が例えば「被差別部落出身」といったあるカテゴリーに基づいてなされるために、差別する側との実質的な差異を一方で認めながら、同じ差異が差別の根拠として利用される恐れがあるために、他方ではいったん認めた差異を今度は認めないといった矛盾した主張をしなければならなくなるという点である。その戦略としては例えば "Black is beautiful." というように「差異を積極的に肯定し、価値の転換を図ったり、(中略)、一部を否定して、一部を肯定するというような論理を立てる」(佐藤裕、九七頁)ことである。さらに、当該カテゴリーにあてはまる成員の同質性を無理に前提しなければならなくなるという問題もある。最後に第四の難点は、差別の告発が可能なのは差別される側の当事者だけであるとされ、差別する側からの差別の告発はせいぜい「代理告発」と位置づけられ、事実上は不可能になってしまうことだ。したがって、差別者が「差別する側」に置かれるということそれ自体による自己疎外や抑圧を捉えることができないという問題がある。

彼は以上のように「差別される側に立つ差別論」の抱える諸問題を整理した上で、差別語が当の差別する人が目の前にいないときだけに使われる「排除カテゴリー」であるという点に注目して、ある言説を聞く第三者を同じ差別への「共犯者」としていくメカニズム自体に分析の目を転じる。これが「差別する側に立つ差別論」である。この考え方に立てば、差別行為とは差別者が被差別者を排除すると同時に、恣意的なカテゴリーを設けることで、別の第三者（共犯者）を差別に同化させる行為だということになる。[3]ここでクローズアップされてくるのは「共犯者」としての差別行為である。すると、「被差別の現実」からの差別論では不可能であった、差別する側からの告発が可能になる。それは差別の共犯者であることを拒否する道である。

彼の緻密な問題の整理には脱帽する。しかしながら、問題設定の出発点になっている「差別される側に立つ差別論」と「差別する側に立つ差別論」の二分法は本当に必要なのだろうか。これは現象として現れる非対称性を、差別する側と差別される側という対立項に対応させることで、結果として両者を分離して考えることになってしまうのではないだろうか。なぜなら、差別される側に立つ差別論においてはもっぱら「被差別の現実」からだけ世界が描かれていたのに対して、差別する側に立つ差別論では「被差別の現実」は姿を消し、共犯者としての第三者が主人公になっているからである。むしろ私はここで、この二つは不可分な一体を成しているのではないか、ということを提案したい。そして彼の問題構成にもどって考えると、差別する側と差別される側を最初に分離したために、例えば「差別者の側からの告発」といった、差別者とその共犯者、そして被差別者の三者を含んだ関係性を後で問わなくてはならなくなっているのではないだろうか。[4] もし差別する側と差別される側が最初からある関係性の下にあることを概念化できれば、彼の指摘した問題群を克服した上で、両者の関係性自体も問うていく差別論が可能になるはずだ。

そこで、差別する側と差別される側を画然と分ける決断がどこでなされているか振り返ってみよう。それは「差別される側に立つ差別論」を論じるときに、「差別に関する言説は、『これは差別であり不当なことである』という『告発』がなければ、まったく意味を失ってしまう」（佐藤裕、九五頁）としている点である。だが、被差別者からの告発がなければ、差別という現象は生じないのだろうか。この点を具体的な例に基づいて、もっと掘り下げて考えていこう。

非対称的権力としての差別現象

まず「差別者の立場に立つ差別論」にうまく適合する例を挙げよう。次に挙げるのは、西日本のある町で行われた同和問題に対する市民意識調査の自由回答の一つである。

①小学校のころから学校で先生に教えてもらったりしましたが、今だになぜその人が差別されるのか、どうして差別されなければならないのか、勉強不足で理解しがたいです。②もしその先生方の子供さんなり、お孫さんが部落の人と結婚すると成《ママ》ると、おそらく反対するのではないでしょうか？ ③私達も差別、差別と言われても、した覚えがないのにそんなことを言われたら、困まってしまいます。（原文のママ＝行頭の数字は分析者が付けた）

これは「同和問題について日頃お考えのことを自由にお書きください」という設問に対する一回答である。エスノメソドロジーの視点からこの自由回答を分析するとしたら、どうなるだろうか。エスノメソドロジーの分析とは、この自由回答を読むという行為において、ごく自然に動員される推論過程を、この書かれたテクストの形式的構造にしたがって解体してみせることである。まず私たちが「自然に」この回答内容を読む読み方を提示しよう。それは①を「差別は道理に合わないことだ」から差別をしてはいけないといった、一見差別に反対する立場の表現として読める。なぜこう読んでしまうのだろうか。なぜなら、私たちに自動的に手に入る知識として「差別は理不尽でばかげたことだから、してはいけないし、あってはならない」という推論方法が働くからではないだろうか。しかしこう読んでしまうと、つぎに②と③にわたって展開される内容と矛盾してしまう。つまり、②もし学校の先生が自分の「子供さんなり、お孫さんが」被差別部落の人と結婚すると成る《ママ》と、反対することになるから、③「差別、差別と言われても、した覚えがない」という差別行為の正当化がくる。しかしこれだけでは②と③のあいだに論理的飛躍がある。読者は②と③を結びつけるためにもう少し推論を補って、つぎのように読むのではないだろうか。学校の先生でさえ、自分のことになれば差別するのだから、私達みんなが差別するのは当然のことだ。したがって、誰もが当然のこととしてやったことを「差別、差別と言われても、した覚えがない」という一種の開き直りに結びついていくのである。

自由回答の読者はさらに、ここで結びつけた②と③の推論と最初の①の解釈との矛盾を解決する形でふたたび全推論過程を再構成しようと試みるだろう。すると①「今だになぜその人が差別されるのか、どうして差別されなければならないのか、勉強不足で理解しがたい」

という一見差別に反対するかのような意見は「学校で先生に教えてもらった」ことがわかる。つまり、この意見は学校の先生に属する意見であって、自分の意見ではないということだ。そこで、これまでの②と③を結びつけた推論とこれとを結びつけて再構成してみれば、学校の先生は「差別は理不尽だ」と〈タテマエ〉では言うが、実際に自分の子どものことになると「部落の人と結婚する」ことに反対するという意見として解釈できる。ここで先生の行為が一般の人々の行為のモデルとして権威づけされていることも注意すべきだろう。しかしここで重要なことは、ここで読者が行った②→③→①という後ろから前に遡及する読書行為によって、差別の正当化と開き直りがより強化されていることである。ここで完成した推論過程を再構成してみれば、学校で差別は理不尽であるとタテマエを説く権威ある先生も、いざ現実になれば本音として差別する。先生でさえそうなのだから、他のみんなが差別するのは当然であり、当然の行為に対して「差別、差別」と非難するのはおかしいということになる。さらにまた、この解釈が完成した時点で再度読み返せば、学校の先生の言うこととすることが違うのだから、先生たちの差別の原因の説明は「勉強不足で理解しがたい」のは当然だという教師たちへの皮肉にも読めるだろう。ここで分析したのは、この自由回答に動員されている差別を無効化する操作である。[5]

いま提示した読み方はおそらくほとんどの読者が半自動的に、そして無意識に行う読み方だろう。ここでは、タテマエを現実の差別で裏切る「学校の先生」を例にして、〈本音〉の差別を前面に出すことによって、本音を共有すると想定される人々（この自由回答を見る人か？）が「共犯者」として動員され、差別が完成するのである。しかも被差別部落出身者はここから排除されると同時に、共犯者は〈本音〉を守る抽象的な人間として指し示される。ここには差別される人の生きている「被差別の現実」が入り込む余地はない。佐藤裕の指摘どおり、この回答で使われている差別の無効化手続きは、差別者とそれに同化する共犯者だけからなる現実を巧妙に構築しているのである。

しかしここで問題にしたいのは、差別する側による共犯化手続きが、差別される側とまったく無関係になされるのかどうかということである。もちろん否である。佐藤裕もこの点が重要であると指摘しているように、共犯化手続きは排除カテゴリーが排除している当の被差別当事者に及ぶ可能性をもっている。そうした可能性がたまたま被差別当事者にめぐってきたとき、自分も一緒になって「共犯者」になってしまえば、一時的に身元隠し（パッシング）をして、自分が属する被差別カテゴリー全体に対する裏切り者になるか、あるいは自分で自分を差別するという陰惨なジレンマに陥ってしまうことになるだろう。もちろん、「共犯化」を拒否し、自分が被差別当事者であることを宣言する道もある。

最初に私が注目したいのは、被差別当事者が差別を告発するほど力がない状況におかれ、共犯化の圧力にさらされてもそれに抵抗することができない事態である。つまりそこには差別する側と差別される側との間の非対称性が、被差別当事者にはあたかも絶対に変えることができないようなものとして現象し、さらに、他の行為の選択肢がすべて閉ざされているかのように見える場合である。そこでは圧倒的な差別に会うことよりも、身元を隠してその場をなんとかしのぐ戦略がとられることもあるだろうし[6]、あるいは、排除カテゴリーの排除効果をもろに受けてつぶされてしまうこともあるだろう。

例えば、障害を持つ女性である安積さんが次のように語っている[7]。彼女は本好きの兄の影響でたくさん本を読んだ。

でも、どの本を読んでも、どの本を読んでも、「障害」や「病気」「死」は、ほとんどつねに不幸と悲しみの極地、悲惨と絶望としてしか書かれていない。障害を持っている人たちに「生まれてよかったね。あなたの存在はこの社会にとってほんとうにかけがえのないものなんだよ」といったメッセージをおくっている本など一冊もなかった。もちろん、「障害は個性」なんてことも、どこにも書いてない。障害があると、ただただ悲惨だったり、かわいそうだったりするわけだ。……（中略）

追いつめられた状況のなかで、追いつめられたものを読んでいれば、自分で自分をたてなおすなんてことはなかなかできず、その行きつくさきは「死ぬしかない」。……（中略）……私は役に立たない、なんの価値もない人間なんだと、みんなが言う。そんな人間は死んだほうがいいんじゃないか――。自分の現在にも未来にも絶望しか見いだせない。「出口なし」の心境で、何回も自殺未遂をくり返した。（六九―七二頁）

この例からわかることは、被差別当事者が「死」しか選択肢がないと思いこんでいることだ。しかも、この例においては、差別する側と差別される側のパースペクティヴの非対称性が保持されている。つまり、差別者である本（の語り手）は読者の「被差別の現実」をすくい取ることもできない。しかもここで被差別当事者はそれを差別として告発することもできない。にもかかわらず、ここには差別者と被差別者との非対称的な関係が成立しており、それは被差別当事者を圧倒的な力で「出口なし」の状況へと追い込んでいるのではないだろうか。つまり、被差別の現実からの告発がなくても、差別者と被差別者の関係性は成立しており、さらにまた、その間に非対称的な不均衡な力（この場合は排除という暴力的力）が働いているのではないだろうか。では、差別者と被差別者の関係を成立させているものはいったい何だろうか。

ここで不均衡な権力をめぐる樽本英樹の考察がヒントになるだろう。[8] 樽本もまた当事者間に対等でない関係、つまり非対称的な関係が形成されている場合の「権力」を概念化しようとする。彼の非対称的関係の定義は安積さんが追い込まれた窮地をうまく説明するようにみえる。つまり、「当事者たちは、権力現象に対して抗議できずそこから退出もできない。このことを換言すれば、権力現象の非対称性が、当事者たちにとっては先験的に選択されたかのように現れているのである」（八頁）。そしてその特徴を三点挙げる。(1)非対称的関係は当事者のパースペクティヴに現れる現象であること。(2)非対称的関係は当事者の個体性を超えた現象であること。(3)非対称的関係は観察者の報告のような当事者間関係の外部要因でその有無を決定されないこと（例えば差別的制度に訴えることによって解決されないということ）。彼はいくつかの権力理論の問題点を指摘した後で、これらの特徴をすべて説明する解決策として、差別する側も差別される側もともに知識を共有していることを提示する。つまり「知識の共有」を理論的に仮定すれば、差別する側と差別される側を分離することなしに、差別者と被差別者の関係性を問うことができるのである。彼の説明を聞こう。

第一に、知識を媒介すれば非対称関係は当事者の個体性のパースペクティヴに現れる。［権力の］行使者は服従者が非対称的関係の下位に位置づく行為者であることを「知って」おり、服従者は行使者が上位に位置づく行為者であることを「知っている」。つまり、当事者たちは権力現象の非対称的関係をまず個人的に「知っている」のである。「知っている」様態は相対的に普遍主義的である制度として「知っている」場合も、相対的に機会主義的である社会的文脈として「知っている」場合もあるだろう。第二に、知識が共有されていることで非対称的関係は当事者の個体性の中に完結するのではなく、当事者間の「関係」として示される。もし非対称的関係についての知識が共有されていなければ、非対称的関係は片方の当事者の「妄想＝思いこみ」になり顕在化した「関係」ではなくなる。第三に、共有知識は観察者が存在しなくとも権力現象の非対称的関係にリアリティを与える。なぜなら、共有知識を持っているということは、非対称的関係を当事者たちが「共に知っている」ということだからである。（以下略、「　」内は山田が補充した。九頁）

これまでの議論の文脈にもどして考えれば、差別される側も差別する側もお互いの非対称的関係について知識を共有しているということになる。したがって知識の共有を理論的に設定すれば、「被差別の現実からの告発」からしか差別現象が生じないというアポリアを脱出できるだけでなく、共犯化のメカニズムも明らかにすることができる。それになによりもまず、差別―被差別という非対称的な関係性それ自体を問題にすることができるのである。しかしながらここで「知識の共有」という魅力的な概念にエスノメソドロジーの立場から留保をつけなければならない。なぜならガーフィンケルが明らかにしたように、実体としての共有された知識は存在せず、むしろ「知識が共有されている」ことを公共的に提示する操作(operation)が協働でなされているだけなのだから。

では、「知識の共有」という概念が与えてくれたヒントをどのように鍛え直せばここでの目的に使用可能になるだろうか。それは、ここで言われている「知識」が権力の行使者と服従者の関係についての知識であるというところに鍵がある。つまり、佐藤裕が指摘したように、差別現象における権力の行使者と服従者の関係についての知識とは、ある「社会的カテゴリー」についての「知識」である。すると、社会的カテゴリーについての知識がどのような操作を通して「差別」を現象させているのか、それが問題になる。ここでハーヴェイ・サックスのカテゴリー化の考え方を紹介することにしよう。[9]

アイデンティティ管理と権力作用

私たちが差別事件に直面するとき、そこで差別のターゲットとなっているのは、ユニークなライフヒストリーを持った「個人」ではなく、例えば「被差別部落出身者」とか「障害者」という一般化された社会的カテゴリーであることがわかる。そして私たちは、そういったカテゴリーについて豊富な知識をもっている。私たちがある人を見るとき、その人がこうしたカテゴリーのどれかを代表するものとして見る。これがサックスの言うカテゴリー化の実践である。いったんカテゴリー化が実践されると「そのカテゴリーについて知られていることはまた、彼らについて知られていることなのである。ということは、一人の人の運命というのは（そのカテゴリーのメンバーである）他の人々の運命に結びつけられており、その結果、内部でもメンバーによって執行されている当のカテゴリーを中心とした社会統制のシステムが規則的につくり出されていく」（サックス、山田・好井・山崎編訳、三三頁）のである。

サックスの例にならうと、例えば暴走族のメンバーの一人が女性を強姦したり、街頭でレースをしたら、それはこれこれの名前の人がしたのではなく「暴走族」がやったのだと見られる。そして、そう見られたら、その犯罪に対して当の個人以外のカテゴリーのメンバーも同じ償いをしなければならなくなるのである。ここに働いているのは、あるカテゴリーのメンバーを何らかの画一的な行為へと導く社会統制である。この社会統制という考え方をもう少し掘り下げて検討する必要がある。

サックスの指摘の中で重要なのは、カテゴリー化によって「外から」カテゴリーのメンバーがすべて同質のものとして見られるだけでなく、内部からもそうやって見られた通りに行為しようとする点である。「どういうわけかメンバーは彼らを拘束している文化がもたらすイメージをそのまま行動に移そうとする」（サックス、前掲書、三四頁）つまり、差別する側の視点と差別される側の視点を関係づけるのは、カテゴリー化の実践である。そこで起こっていることは、人々がある社会的カテゴリーを自分のアイデンティティとして引き受けることによって、そのアイデンティティを裏切ることがないように、当該カテゴリーに期待される行為の可能性を実行することである。すなわち、人々は自発的に行為を選び取っているように見えながら、結果的には当該カテゴリーの及ぼす社会統制に従属し、自分のアイデンティティに縛りつけられているのである。このサックスの「社会統制」という考え方は、第四章で紹介したフーコーの権力作用論と共鳴しあう。つまりサックスがカテゴリー化による社会統制という概念で示そうとしたことは、自己を主体化すると同時に従属化する権力のテクノロジーの問題である。私たちはこのような権力現象をこれまでの権力概念から区別するために「権力作用」と名づけた。すると、これまで展開してきた差別者と被差別者を巻き込む「社会統制」とは、権力作用によるアイデンティティ管理ということになる。

このことを差別の文脈にもう一度さしもどして考えよう。そうすると、差別者において働いているカテゴリー化が被差別者においても同様に働いているということになる。桜井厚は具体的な部落差別問題の文脈でこの現象を考察している。被差別部落の子どもが下校途中にとなりの地区の家の柿の木から柿の実をとった。しかしこれはどこにでもあるほほえましいエピソードではない。むしろ「その行為をした子どもに投げつけられるのは『部落の子』ということばだった」のである。そして「そのことばは、いっしょに下校していたむらの子どもたちをも非難の対象にしてしま」う。そしてこういった非難を受けないために、被差別部落の内部において「実際の根拠の有無に関係なく」、きびしい内部統制が発生することになる。[10]

これまでの議論を整理すれば、差別者と被差別者との間に働く非対称的な権力作用は、カテゴリー化の実践という操作を媒介として達成され、当事者のパースペクティヴには、「自発的に」そして「主体的に」行為しているように見えながら、ある一定の行為の選択肢を選び取らされる事態だということである。では、個人を自分のアイデンティティに縛りつけるカテゴリー化の実践とはいったいどこに根拠をもっているのだろうか。サックスは一九六〇年代当時のアメリカ社会において、例えば黒人や子どもが「自立」すると言われる場合には、彼らは常にかっこつきの「子ども」や「黒人」として自立しなければならないことに注目している。

彼の用語法をそのまま使えば、「子ども」や「黒人」は「支配的な文化」によって決められたやり方に従って「自立」する時だけ「自立」したとみなされるのである。サックスは言う。「たとえば黒人や子どもに対していだかれている自立性の概念は、明らかに非社会学的である。彼らはつねにかっこつきの『子ども』や『黒人』として自立しなければならない。つまり、支配的な文化によって定義された仕方に従うことによってのみ自立するのである。良い子になりなさい、子どもじみたことをするな、身ぎれいにしなさい、よい仕事につきなさい。あなたにはそれができる。それはあなたの問題だ」（サックス、前掲書、一二八頁）という激励やそそのかしに従うことでりっぱな自立を成し遂げられるのである。

確かに六〇年代当時どれだけがんばってもよい仕事につけない黒人は、「自立していない」ことで「良心」の呵責を感じたかもしれない。つまり、彼・彼女は当時の「支配的文化」に基づいて自己をカテゴリー化しているのである。だが現在では、職業につけないのは差別のせいだと認識することも可能だ。その理由として公民権運動の影響を考えることもできよう。ということは、サックスのいう「支配的文化」とは固定したものでも一挙に与えられるものでもなく、私たちのカテゴリー化実践を通して刻々と変化していくものである。こうして差別者と被差別者とのあいだにはたらく非対称的なカテゴリー化は、ある社会や文化の中で、その歴史的時点において自明視され、あたりまえのものと見なされている「支配的文化」、つまり常識に基づいてなされるという結論に落ち着く。

まとめよう。カテゴリー化によるアイデンティティ管理は、差別する側か差別される側かどちらか一方に働いているのではなく、両者を同時に一つの関係に編成していく権力作用である。つまりそれは社会の成員を上位と下位に、そして差別者と被差別者として関係づけていく。そしてこの関係は、私たちが社会の常識（「支配的文化」）を自明視する限り、そこから抜け出すことは考えられない。つまり、「支配的文化」に安住する限り、私たちは自己の主体性の形式を自ら自発的に選び取っているといるようにみえながら、実際は強制された自己アイデンティティに縛りつけられているのである。こうして、権力作用によるアイデンティティ管理という視点を獲得すると、佐藤裕が苦心して表現しようとした「差別者になること自体の抑圧」という問題も解けるようになる。なぜなら、差別される側がカッコつきのアイデンティティを押しつけられているだけでなく、「支配的文化」をあたりまえのこととして生きている差別する側も、支配的文化の命じる蔑視や排除などの差別行為を自分でも知らないうちに遂行していることを意味するからである。[11] ある意味では、差別者も第三者も被差別者もみな「共犯者」なのである。

批判的エスノメソドロジーのポリシー

私たちは差別現象から出発して、差別者と被差別者との非対称的な関係性をクローズアップし、それが「知識の共有」を通して出現することを確認した。確かに「知識の共有」という概念は、これまでの差別論の難点を克服する魅力的なものである。ところがエスノメソドロジーの観点からみるなら、知識は実体として共有されているわけではなく、むしろ知識の共有を実体であるかのように提示する協働的実践がなされているだけなのである。そしてこの協働的実践は、フーコーが示したように、当該状況において継起的に編成されるものである。そうだとしたら、この概念は知識の共有それ自体を実体化するだけでなく、知識内容をメンバーの実践から切り離し、固定化してしまうという難点を抱えている。

ここで知識の共有という概念自体をサックスのカテゴリー化実践という操作として捉え直す必要がある。差別という現象が生起するのは、私たちが自己を何者かとしてカテゴリー化し、主体を獲得するときに、同時にそのアイデンティティに従属し、呪縛されてしまうような操作がなされているからだ。もちろんここでサックスのいう「革命」を起こすこともできる。つまり、支配的文化によって規定されたカテゴリーを、当該カテゴリーの当事者自身がそのカテゴリーの使用法をいっさい変えてしまうことだ。それはフェミニズムをはじめ、さまざまな「アイデンティティの政治」において取られてきた戦略である。

そしてこうした革命がターゲットとするのは、支配的文化に基づくカテゴリー化が発動する土台となる「自明視された常識」である。こうして私たちが到達したのは「常識」という権力装置である。これは、一見ふりだしにもどったかのように見えるが、そうではない。なぜなら、これまでの考察から明らかなように、常識が非対称的なコミュニケーションを隠蔽し、外見上は対等なコミュニケーションを維持していることがわかったからだ。常識も文脈から取り外して固定化できるような何らかの実体ではなく、いま、ここで私たちの協働的実践によって維持されつづけている。にもかかわらず、常識があいもかわらず固定したものとして繰り返し現れるとしたら、それは常識を物象化する何らかの操作が協働で実践されていることになる。

もし常識の巧妙な操作によって、現実が安定し、差別も排除も存在しないかのような様相を呈しているとしたら、それは支配的文化にアイデンティティを管理されたメンバーが非対称的なカテゴリーを閉め出すことに成功しているからである。つまり支配的文化の判断・推論装置は私たちを差別者へと共犯化することをいつもそそのかし、うまく成功しているということになる。そしてそれは結果として対称的で対等なコミュニケーションが成立しているかのような幻想を生み出す。それは、権力の不均衡も支配も服従も存在しない、均質化されたモノローグの世界である。ところがその陰では、自明視された常識から追放され、不可視となった「他者」が沈黙を余儀なくされ「出口なし」の状況に追いつめられているのである。

ここで批判的エスノメソドロジーのポリシーが採用される。[12] すなわち、自明視され、あたかも「客観的」な相貌をもって出現する常識を、多様な実践的推論の複雑な交差として分析する方針である。そのためにはまず最初に、現象の自明性それ自体を解体する必要がある。それは現象が埋め込まれている文脈を何らかの方法を通して相対化することである。ガーフィンケルの悪名高き「実験」の教訓を生かすとすれば、その方法は私たちにとって自明な習慣や言説の外部にあり、それを導入することで「自然」な習慣が奇妙に見えるような外的尺度でなければならない。エスノメソドロジー運動を歴史的に概観すればわかるように、自明視された常識の編成がほどければ、どんな方法を持ってきてもかまわないのである。しかもそのとき、日常生活者に対してエスノメソドロジストの分析を優位に置くこともできない。私たちの行う「実験」もまた日常生活で非難を浴びたり、逆に賞賛されたりすることから免れないのだ。[13]研究者もまたこの世界の他の人々と一緒に生きている以上、水津の言うように[14]『排除』を分析対象とする社会学者は、一人の市民としてクレイムし、［同時に］専門家として［権力作用の闘いの］過程に参加するプロセスに必然的に巻き込まれていくことになる」（［ ］は山田が補った。水津、一一四頁）のである。

ここで批判的エスノメソドロジーが採用する戦略は、会話分析とフーコーの分析を組み合わせることである。これによって、自明視された常識を相対化しながら、多元的な言説編成として継起的に産出される権力作用を脱構築することができるようになる。この成果の一部はこれから第六章と七章にみていくことにするが、フーコーの分析がいまだに抽象的な歴史的言説の分析のレベルにとどまっているのに対して、発話という実践的なコミュニケーションのレベルにおいて、具体的な言説編成を脱構築できるのは、批判的エスノメソドロジーの大きな可能性であると思われる。

第六章　司法場面における「権力作用」

はじめに

司法の権力ということが巷ではよく問題にされる。しかしながらその実態について具体的にどのような権力現象が起こっているのか直感的にはわかっても、分析的に明示化することは難しい。確かに新聞をにぎわせる司法当局を巻き込んだ汚職や政治的事件はときどき見かける。しかしここで問題として取り上げたいのは、直感的にはわかってもすぐに明示化できないような、日常的に働いている権力現象としての司法の権力の解明である。

日常的に働いている権力現象とは何だろうか。これまでの社会学の議論においては、権力現象は（1）個人の利害を他者の反対を抑えて実現する主意主義的なモデルと、（2）社会構造や制度による個人の支配という構造的モデルとに二極化して説明されてきた。この二つの権力モデルには、一方には合理的行為者がおり、他方に行為を水路づける社会構造があるという二分法が前提されていると思われる。しかしながら、私たちがここで取り上げたいのは、この二つのモデルにはおさまらない権力現象である。

それは（1）のモデルのように行為者の意図だけに還元することもできないし、（2）のモデルのように社会構造や制度だけによっても説明できない。つまりそれは「特定の個人には還元できない権力」であり、しかも「行為者の自発的な行為を巻き込む権力」でありながら「作用した痕跡を消す権力」である。つまり、状況に参加している人々は、自ら積極的にそこに参加していながら、行為の潜在的方向性をなんらかの力によって指示され、その結果は制度化された日常的司法場面に埋没し、隠蔽されてしまうのである。この権力現象は従来のマクロ的視野にもミクロ的視野にもおさまらず、むしろ両者をインターフェイスしていく地平に現れる権力現象である。このような権力現象は通常は権力現象として顕在化されないまま、自明視された常識と一体化している。それはフーコーが問題にした「権力作用」として特徴づけられる権力現象である。「権力作用」の特徴は、そこで働く権力がただ単に行為を拘束するのではなく、行為の可能性を産出することである。そしてそれは、社会構造や意図によってあらかじめ指示されたり、先取りされたりするものではなく、むしろローカルな相互行為の展開に沿って、多元的で対立しあう言説編成の過程で、産出されるものである。

エスノメソドロジーと会話分析をフーコーの権力論と結びつけることで、この「権力作用」のメカニズムをその展開のプロセスに沿って分析することができるようになる。

司法場面における「権力作用」

司法という制度的文脈における相互行為について論じるまえに、日常会話とは構造的に大きく異なった「制度的」な文脈での会話の一般的特徴について説明することにしよう。一般的に言って、制度的会話は日常会話とどのように異なっているのだろうか。ドゥルーとヘリティジは、大きく三つの点を指摘する。[2] 一つは、制度的会話には当該の制度において設定された仕事や役目に対する志向性（オリエンテーション）がある。第二に、日常の会話と比較して、会話への参加に対して一定の制限が加えられる。そして第三に、そこで展開される相互行為において、明確に限定できる特徴をもった実践的推論の形式が見られるということである。しかも、制度的場面とは、そこで一定の目的に志向した仕事がなされる場面でもある。

それでは司法場面における制度的会話はどのような特徴を持っているのだろうか。ドゥルーは法廷におけるオリエンテーションを二点に要約している。ひとつは「開放性」という特徴である。それは法廷での発話が、そこに参加していない傍聴者や陪審に向けてデザインされていることを意味する。もうひとつは「体系性」という特徴である。それは法廷での発話が過去の証言だけでなく、これからなされる証言というコンテクストにも対応するようデザインされていることだ。そして制度的場面の会話分析において強調されてきたことは、仕事場における専門家と客（クライアント）のあいだには、コミュニケーションの非対称性（アシメトリー）が見られるということだ。この非対称性は専門家のクライアントに対する支配や権威の源泉であると考えられてきた。裁判においてはどのようにして専門家の支配が達成されるのだろうか。この点について好井裕明の体験に基づく説明は非常に興味深い。少々長くなるが、彼のことばを直接以下に引用しよう。[3]

彼［アトキンソン］は、裁判官は証言に介入する場合でも、常に「中立性」を保持する様相を明らかにしている。わたし自身、ある裁判の当事者であったことがあり、自分の原告証言という体験からしても、法廷空間の秩序達成の〈固有性〉は実感できる。まずドゥルーのいう「開放性」とは、日本の裁判状況にはなじまないものだ。確かに、法廷証言は参与者間で基本的には完結し得る日常会話での質問―応答のやりとりではなく、常に〈ある方向へ開かれている〉。しかしそれは傍聴者や陪審（日本では陪審は認められていないので当然のことだが）ではなく、裁判官という、その場にいるひとびとにははっきりと見えている〈神〉に対してなのである。たとえば、わたしは原告として反対尋問をうけていたとき、当然のことながら、質問する相手側の弁護士に顔を向け、彼の表情を見ながら応答していた。しかし、休憩時に速記官から〈忠告〉をうけた。「前を向いて、裁判長に顔を向け、ゆっくりと質問に答えてください」と。相手側の弁護士が質問をし、それをわたしが裁判長に向けて応答する構図。質問—応答のやりとりはすべて、裁判長というブラックボックスに収斂するわけだ。いわば、これが法廷空間の〈磁場〉を象徴するものだ。なぜ「ブラックボックス」という表現を使ったのか。それは、法廷空間それ自体の秩序形成、そこで展開する会話「内在的」分析という点からだけでは読み解けない、《外部》の権力が収斂する点であるからだ。裁判官は、自らの言動に関しては、当該空間の参与者からのサンクションを回避できる権限のもとで、法廷空間に積極的に介入し、一定の秩序を保持していく。いわば裁判官は法廷空間から影響をうけない《外部》に位置しながら、空間自体の秩序を自在に構成し得る権力をもっているわけだ。アトキンソンのいう「中立性」。それは法廷空間には具体的な影響を行使せず、そこから適当な距離をとるという意味ではない。そうではなく、法廷空間のなかで裁判官が「専門性」を維持し、そこでのやりとりに対する「権力」行使を、その場その時で、いわば「仕事」として正当化し得るプラクティスがもつ特徴のことを示している。つまり「中立性」とは、裁判官が、法廷空間に対する「専門性」「超然性」をどのように実践しているのか、に関わる概念なのである。

つまり、日本の裁判状況においては「中立性」という公式的に認められた外見のかげで、専門家である裁判官が「専門性」を維持することで、法廷空間に対して絶対的な権力を行使していくということである。ここには法廷空間自体を自由に構築できるほとんどオールマイティな権力を想像することができる。そして私がここで分析する事例である家庭裁判所の調査官においても、裁判官が行使する全能の権力と連続した権力性をかいま見ることができる。というのも、一般的に調査官面接は中立性を保持しながら、できるだけ事実に忠実な情報を収集することが望ましいとされている。その理由は当然のことながら、中立人や相手方のどちらかを一方的に支持したり、説得したりするなどといったバイアスがかからないようにするためである。ところが、実際にこの調査官面接の記録を子細に分析するなら、いわゆる「調査官面接の中立性」のなかみは、調査官の側の常識的判断であったり、あるいは、客観性を装いながらも一方的な偏見に基づいていたりすることがわかる。しかも調査官側のこうした操作は「調査官面接」という司法の「専門性」や「超然性」のなかに隠蔽され、最終的にはこの面接の「中立性」が確立されてしまうのである。この事例を分析していく過程においては調査官の「意図」がきわだってくるものの、最終的に面接の「中立性」が達成されていくとき、そこに「権力作用」のメカニズムを読みとることができる。

調査官面接における説得過程と「中立性」の達成

ここで分析の俎上に載せる事例は、山口家庭裁判所の調査官面接において実際になされた会話である。この面接は親権をめぐる離婚訴訟についてなされており、夫方が中立人で、妻が相手方である。この申立てがなされた背景として、夫が仕事のために週末しか家に帰らないあいだに、夫の母＝姑と妻との関係がこじれ、妻の内緒の借金が露見した時点で、妻が夫と姑から非難され、離婚話まで進んでいった経過がある。具体的な会話を分析するまえに、調査官面接の制度的特徴について説明しよう。

一般的に専門家としろうとの出会いを特徴づける会話構造は調査官面接にもあてはまると考えられる。[4] それはつぎの二点の特徴である。まず第一点は発話順番のタイプがまえもって設定されていることである。つまり、質問するのはほとんど調査官の側であり、中立人あるいは相手方はそれに答えるといった発話行為しかとることができない。これは調査官面接という相互行為を専門家の側に回収し統制することを可能にする。そして第二点は、相互行為の実質的内容と方向を指示するアジェンダが存在することである。この面接では最後に示すように、「母子密着」というアジェンダが存在し、それは調査官だけが特権的にアクセスできるもので、しろうとである申立人からは隠され、申立人は相互作用のあいだじゅうそれを知ることができない。しかし同じアジェンダが相手方には自己の立場を強化する一つの資源として提供されている。

また、ドゥルーの先行研究が例示しているように、[5] 裁判のなかでは裁判官の質問が潜在的非難として解釈され、非難される前に自己弁護しようとする動きが見られる。この調査官面接においても、申立人が調査官に潜在的にでも非難されることに非常に敏感になり、それをはやくから察知してできるだけ回避しようとするのが見られた。ところが、この一般的な特徴が現れたのは面接の最初だけで、むしろ途中から調査官の一方的な申立人に対する叱責が見られ、それに対して申立人が応酬するという非難／応酬の連鎖が最後まで続く。他方で、この相互行為とは対照的に、相手方との面接においては相手方の不平に同情し、相手方を激励する会話が展開する。このことが例証できれば、調査官が申立人ではなく相手方の立場に有利なかたちで面接をしたことが明らかになるだろう。しかもこれは調査官面接が「中立」であるという「超然性」によって正当化され、隠蔽されてしまうのである。

まず具体的な相互行為を分析するまえに、会話分析における「選好による組織化(preference organization)」の考え方がここでは非常に役立つ。[6] というのも、発話の内容だけとれば、ある質問に対する単純な答えとして解釈されるものが、選好による組織化の一部として考えれば、それは当該の質問を非難として受け取って、それに反論する発話行為として解釈できるようになるからだ。会話分析は私たちの直観に現れるもっとも単純な行為のタイプ（類型）として隣接対を考える。たとえば「問い」と「答え」は隣接対を構成している。そして「問い」が隣接対の第一部分であり「答え」が第二部分になる。ところがポメランツは、第二部分において選好されるものと、選好されないものがあることに気づいた。[7]たとえば会話において同意や賛成を作り出す隣接対の第二部分は近接して結びつけられ構造も単純になるが、これと反対に、第一部分に対して反対したり、同意しなかったりする第二部分は、第一部分と隣接して作り出されることはなく、沈黙や名目的同意、あるいは言いよどみや言い訳などによって、会話のシークェンスにおいて遅れて出現したり、第二部分である反対の内容自体が緩和された表現になる。そして、会話シークェンス中に遅れて展開する沈黙や言い訳なども含んだ第二部分の組織化のことを選好されない（非優先的 dispreferred organization）組織化と呼んだ。

ポメランツの考察は後にレヴィンソンが体系化するが、[8]それにしたがうと、選好された第二部分の場合は、近接して結びつけられ、目立たず無徴であり、会話の構造が最も単純になる。これに対して、選好されない第二部分のシークェンスは、予想された第二部分の不在が顕在化するので、有徴化（marked）され目立つ。そして選考されない第二部分のシークェンスは以下のような一般的特徴を示す。

（a）さまざまな形で実現が遅れる（ア）沈黙やポーズ、（イ）つぎの（b）にあげる「前置き」、（ウ）リペアなどによって、選好されない第二部分の組織がいくつかの発話順番にわたって引き伸ばされて展開する。

（b）「前置き」（ア）「え：、あ：」など、自分の発話が選考されない第二部分の一部であることを示すマーカーが使われる。（イ）反対するまえに名目的同意、自己限定、礼、詫びなどが挿入される。（ウ）ためらい（ことばの言い直しなど）がくる。

（c）「言い訳」拒否の理由や釈明がくる。

（d）最後に間接的で緩和された選考されない第二部分がくる。

（1）中立人との面接の分析

この選好による組織化の考察を念頭におきながら、まず中立人との面接の最初の部分を抜粋して紹介しよう。以下の会話では調査官の5の問いに対して、中立人が7でいったんは同意したものの、すぐにそれを否定するという行為が見られる。これは最初の同意が名目的なものでしかなかったことを示すだろう。したがって、この発話自体が選好されない第二部分であると解釈できる。これはまだこの時点では強く主張はできないが、申立人が調査官の問いを単なる問いというよりはむしろ自分に対する潜在的非難として受け取り、それをしぶしぶ受容したと解釈できる。

トランスクリプト記号、：は音の延ばし、〃はオーバーラップ、(1)は沈黙の秒数、=は発話間に間合いがないこと、-は音の中断、＊は同時スタートをを示す。

3 調　うん。あなたがなんとか、そのかんね、
4 申　はい
5 調　いろいろとか、対立する問題とかで〃気配ったりしたことありました？
6 申　　　　　　　　　　　　　　　　　　　はい
7 申　ありましたけれど〃実際にはそんなことやる：、やらなかったですね。

そのすぐ後に続く9、10の会話シークェンスにおいてはさらに調査官が9で追い打ちをかけ、10の「言い訳にしかすぎません（後略）」という釈明からわかるように、申立人によっ

て9は明確に非難として受け取られている。この発話も釈明が入るために選好されない第二部分となっている。

9 調　時間がなかったちゅうわけですか。
10 申　時間がないというのはもう言い訳にも//言い訳にしかすぎませんけれど、(0.5)なんとか、なんとかやろうとは思ってましたけれど、たとえば金曜日の晩に帰ってきますね

ここから姑と嫁との対立を申立人がうまく調整していたかどうかという問題をめぐって、調査官と申立人とのあいだで非難／応酬の連鎖が展開する。つぎの会話抜粋を見ると、相手が言い終わらないうちに互いの発話に割り込むという非難／応酬に特徴的な会話構造が見られる。[9] ここで興味深いのは申立人は49で釈明しながら非難を受容しているのに対して、調査官は妻の立場から、あからさまに応酬していることである。

39 申　ただそれは//
40 調　　　　だけど、あなたのおふくろが言うのをね、嫁さんにその言うし＝
41 申　　　　　　　　　　　　　　　　　　　　　　　　＝はい　え

42 調　え、まあそれは - その//
　　　言うたわけですか、嫁さんの苦情もおふくろに

43 申　はい

44 調　パイプ役なってたゆうわけね -

45 申　パイプ役にはなっているけれど、ただそれを右から左に//ぼくはよく考えてですね、
それをおたがいにこう言わなかったんですね。

46 調　　　　うん　ああ

47 申　ただ直接的に//

48 調　　　伝達すると

49 申　はい、伝達するちゅうか、こういうことをや -、こういうことやらにゃだめじゃない
かと、母親そういうふうに言ってるんだけど:、母親言っとるんだから十分(?)やら
にゃだめだぞと、そのぐらいの程度しか言わなかったですね。

50 調　そしたら、あなたお母さんの肩もってるわねって言うて//

51 申　　　はあ、そりゃ言います。そり
ゃ当然言います。

もういちど調査官と中立人の50／51のやりとりをみると、調査官が「って言うて」というかたちで妻の直接言ったと想像されることを伝聞という形式を使って非難しているが、それは妻の立場を仮想した妻と夫との非難／応酬という会話を構成している。50の調査官の妻の立場からの非難に対して、中立人の51の発話は名目的同意と考えられる非難の受容を行っている。ところが以下に示したつぎのシークェンスを見ると、この受容に対して調査官はさらに妻の立場から中立人を追求することはせず、すぐに妻の立場から調査官へと役割転換し、「超越する」ことによって司法という「中立的」な場所へと避難したと解釈される。そして中立人が53で調査官の52の意見に賛成したとたん、調査官は調査官という場所から直接中立人を非難するのである。これは司法という「超然性」を持った場所からの非難と解釈できる。

52 調　そういう不信感ていうのは‥

53 中　あったと思います。

54 調　あったでしょうね、あなたに対してね。

これに続く会話を見ると、55から58までは中立人が調査官からの非難を受けて、妻の立場を仮想した実際のことばを申立人が間接話法で述べていく。これは一見すると54の調査官の非難を受容しているように見えるが、そうではない。なぜなら59から申立人の応酬が始まるので、この表面的な受容は調査官に反撃するまでの表面的譲歩と考えることができる。

55 申　はい。で、わたしの言うことはいっさい聞かないんだと、母親のことしか、自分の母親のことしか聞かんのじゃないかという、そういうようなことは思ってたんじゃないかと思いますね、それは。
56 調　うん　　ええ
57 申　わたしがこれだけ言っても、これだけ言ってもやってくれないという気持ちはあったんだと思いますよ、それは。
58 調　ああ
59 申　で、それを本人はそういうふうに思っているかもわかりませんが、わたしが見てもですね、実際本人はやってなかったです。

（中略）

60 申　どっちが言うことが本当かと言うことは、やはり現実を見たらですねやってないんですね、家内のほうは

61 調　うん
62 申　やってないから、やはりどうしても母親のほうの肩をもつんですね、
63 調　うん、結果的に／／あなたはそうなるんですね
64 申　　　　　　　　ええ

この会話抜粋で興味深いのは、申立人の反撃に対して調査官がどのような対応をとったかという点である。それは63の調査官の発話に見られるように、申立人の応酬を司法という超越した立場から「総括」することである。これはどれほど申立人が応酬しようとも、司法という立場から客観的に総括されてしまうので、調査官の見方が有無を言わさず押しつけられてしまう可能性がある。これと似た総括はつぎの発話にも見られる。

77 調　ええ、だから、妻の不信感はだんだん高じていったわけね。

そしてこの77の調査官の総括に対する申立人の答えは「だと思いますね」である。つまり対等な立場での反論を許さないかたちで総括がなされていると考えられる。ここから申立人が調査官の見方に屈服したニュアンスを伝えるシークェンスが少し続く。それはつぎの81の

調査官の総括（奥さんの居場所が浮いてしまう）という発言に対して申立人が同意することにはっきりと表れている。

81 調　うん。そうすると、奥さんのなんて言うかなあ、奥さんの居場所というか、座というかね、そういうのがこう浮いてしまいますわな。
82 申　それは本人も言ってました。わたしのおる、いるところがないという - いってました。
83 調　ああ
84 申　それは本人がよく言ってました。

申立人の59から60までの反撃のあと、ここまでの調査官の総括に同意することで、申立人は完全に調査官＝妻の側に屈服しているように見える。ところがそれを確認する質問を調査官がしたとたん、最後の非難／応酬が始まる。

87 調　その気持ちは、あなたにわかりますか？
88 申　その気持ちですか。その気持ちはわたしはわからないです＝
89 調　＝いるところがないという＝

90 申　＝あ‥そういう意味、それはわからないです。よくわからないです。どういうことか。
91 調　いやいやその女房がね
92 申　はい
93 調　わたしがいるところがないという意味がわかったですか？
94 申　わからなかったです。そのときにはわからなかったですね。
95 調　ああ、そういう不平を言ってるころはね。
96 申　はい
97 調　いまは＝
98 申　＝いまはわかります
99 調　う‥ん
100 申　いまはわかります、どういうことかっていうのは。
101 調　う‥ん

この会話抜粋をみると、87から90までが会話の形式として非難／応酬の連鎖をなしている。常識的に考えれば、87の調査官の問いはこれまでの会話内容の確認である以上、ここで申立人が否定するのはおかしいことになる。しかし、そもそも調査官＝妻の立場を認めることは「申立て」の根拠を失うことになるのだから、その点からこの非難／応酬は理解できるものとなる。いずれにせよ最終的には、93から101まで、たとえば94「そのときにはわからなかったですね」のように、選好されない組織化の一部の特徴である「限定」がきて、そのあとの98と100で受容がくる。これは102で調査官のつぎのような総括によって締めくくられる。「だから、どうしても不信の関係というのは、できてしまいますわね」。

ここで申立人と調査官との面接を暫定的に要約するなら、調査官は積極的に妻の立場にたって、申立人を非難したり、説得したりして、最終的に屈服させることに成功したと言えるだろう。調査官面接の「中立性」の内容が、ここでは相手方＝妻の立場にかたよった説得であることが明らかになった。また、調査官の下す「総括」が司法という権威のもとに一つの超越性や客観性を帯びて、反論することが難しいものとして現れることも、この説得の効果をあげたのではないだろうか。

（2）相手方との面接の分析

相手方との面接の特徴は申立人と対照的だ。つまり、調査官は自分が優先的に持っているはずの質問をするイニシアチブを放棄して、相手方に長いストーリーを語るのを許したり、それを勇気づけたり、相手方に同意する選好される組織化が頻繁に見られる。たとえばつぎの調査官の2、4、6に見られるように、自らの発話順番をパスして相手の物語を聞く立場にまわっている。そして8において調査官は相手の発話の内容を強調して繰り返すことで、相手方に対する強い同意を作り出している。調査官は相手方への同情を表現して彼女を心理的にもサポートしていると言えよう。

1 相　で、あの、まして、こう主人と母が住んでいたところに、わたしが行ったものですから、わたしができることって、まあ、でいることって、って、やろうと思えばあるんですけども、なにかわたしのものが無いでしょう何一つ。
2 調　うん
3 相　だから、やりにくいんですよね‥
4 調　あ‥ん
5 相　え、なに、なに一つつくるのにも、すごくつくりにくいし
6 調　ふん
7 相　お茶碗とかでもすごく何ていうか、いらいにくいっていう感じがあったんですよね。

8　調　は‥、茶碗でさえもいらいにくい

つまり、ここで観察されるのは相手方への同情と勇気づけである。ここから調査官が妻に対しては積極的に連携して、相手方の立場を擁護していることがわかる。相手方との面接の相互行為は以下ずっとこのような連携が続く。

調査官の隠れたアジェンダ

樫村志郎が明らかにしているように、[10]どのような専門的な司法的手続きにおいても暗黙の裡に「常識的な」推論や知識が動員される。シクーレルの指摘を待つまでもなく、[11]生のデータの処理方法がどれほど明確に規定されようと、そこには「常識的」な先行判断が入ってこざるをえないし、また必要なのである。司法場面においても、それは専門家としての裁判官や調査官が事例を概観してピンとくる判断が重要である。なぜならそれはしろうとには隠されたアジェンダとして、相互行為において重要な働きをするからだ。それは専門家同士では、うまく表現できない「勘」、あるいは「だいたいの目安」としてしばしば表現されている。ところが、彼らにとっては仕事を処理する上でなくてはならないこのアジェンダも、好井が指摘するように、外部の常識とつながっており、そのために、そこにはさまざまな常識的推論が無批判に取り入れられる危険性がある。

この面接において調査官が使用したアジェンダは「母子密着を原因とした嫁と姑の争い」である。それはこの調査官の報告書の所見につぎのように表現されている。

「本件はサラ金問題に端を発しているが、その根本は嫁―姑の対立にある。中立人は、ひとり息子として育ち、中学のとき父を亡くして以来、母に苦労して育ててもらったのであるから、母の心理的結びつきは相当に深い。それは、中立人が母とくらすことが家族の原点と述べていることに象徴されている。いわば母子一体のところに相手方は結婚していったのであるから、夫とのみで家族をつくるということはよほど難しいと想像されるのに、そこにもってきて勝気どうしの嫁・姑がエゴ丸出しでぶつかり合うのだから葛藤はふかまるばかりである。(以下略)」

このアジェンダを作るために手がかりとなったと思われる会話は以下の抜粋である。この会話においては調査官による割り込みが見られ、それはトピックの一貫性を無視した奇妙な割り込みになっている。

22 申　そういうのは、そういうふうにとってたんですね、食事をしたいと思うんだけど、もうぼくは親一人子一人で育ってますから//（…）

23 調　ええ　うん　あなた、親一人子一人で育っているんですか？

24 申　そうです、はい。

25 申　＊（　）

26 調　＊（　）一人息子さんですか？

27 申　はい、一人です。

28 調　は…は…は…

このアジェンダは中立人の面接の全体を通して、かなり強固なものとして背後で働いていると思われる。最終的に中立人を屈服させたのも、このアジェンダがあったからではないだろうか。興味深いことには、中立人には隠されているはずのアジェンダが実際に気づかれ、追求される場面があることだ。つまり、勝手に「母子密着」というレッテルを自分に貼るなという申立人からの抗議がある場面である。それは以下の会話抜粋に見られるが、ここでは66で調査官は「母子密着」というアジェンダが背後にあることをごまかしている。そして、さらに69において、再度調査官に向けられた非難をかわすために、「奥さん」が中立人にした非難にすり替えて曖昧にしている。ここにも司法の中立性を使いながら、背後にあるアジェンダを隠蔽する戦略が読みとれるのではないだろうか。

65 申 わたしも、夫婦で・・母親といつまでもべったりとか、そんなことは思われたくないですし、またそんな気持ちもないですから。

66 調 はあ

67 申 なかったですから、そのときには。だからそんなこと言われるのは心外でしたからね、母親とべったりとか。

68 申 ＊( )

69 調 ＊べったりということは、奥さんがそのこどもに言ったことがありますか

これとは対照的に、相手方との面接においては「母子密着」というアジェンダが以下の38においてトピックの流れとは無関係に挿入され、39に見られるように相手方の立場を擁護するための資源として利用されている。それは40の調査官の「ちょっと特別な関係だね」という総括によって正当化され、41の相手方の発話に見られるように、相手方の不平を解釈するための文脈を用意している。それどころか44において調査官は質問する側というよりは、このアジェンダに基づいて相手の立場を解釈する側にいる。

35相　どうしても、わたしがやるからいい、やらなくてもいいって。やらなくてもいいとかって言われたら、本当、なにもできないんですよね。いい、やりますって。
36調　う‥ん
37相　言えばいいんでしょうけど、なにかすごく〃
38調　あ‥そうすると、あの‥あなたが結婚していったところはご主人といっこはカップルじゃなくて、もう一人お母さんがいるから
39相　うん、ああそういうふうになりますね、だから
40調　ちょっと特別な関係だね
41相　ええ、主人と二人ですごしたということはないですしね、そんな
42調　う‥ん
43相　うん
44調　だから結婚してすごく気がねつかう、気がねするようになったわけですね
45相　そう、そうですね

権力現象としての調査官面接

調査官面接という「中立性」が尊ばれる空間において、この中立性が実際の面接過程においては、背後にあるアジェンダに基づいた非難／応酬の連鎖や説得、あるいは、同情などのような積極的操作と考えられるものから成り立っていることを示すことができた。特にここでは、母子密着による嫁―姑の対立という、かなり常識的な読みがアジェンダに混入しているために、調査官が公平無私な立場で情報収集を中心とした聞き取りを行うというよりはむしろ、自分の恣意的なアジェンダを拠り所として、実際の面接を操作する面が明らかになったと思う。

調査官による面接過程がこのような「操作」によって成り立っているという結果は重大なインプリケーションを生む。なぜなら、実際に面接をうけた申立人と相手方はこのような操作を意識化して問題にすることがないままに、司法の「中立性」を信じ込まされて面接を終了するからだ。もし調査官が自分の面接過程を批判的に検討することがなければ、司法の「中立性」という神話もそのまま手をつけられずに残るだろう。そうなったら、調査官によるアジェンダも、非難／応酬の内容も、結果として達成される「中立性」によって隠蔽されてしまうことになる。この意味で、調査官面接は調査官と申立人、相手方を巻き込んだ、ひとつの「権力作用」の働く場として分析できるのではないだろうか。

謝辞
このような貴重な調査官面接の記録を公開する許可をいただいた山口家庭裁判所に感謝する。

第七章　「妄想」の語られ方——精神医療の言説編成

専門家支配

常識的に考えれば、精神医療の診断場面は多少は一般科の診断場面と違うところはあるものの、少しも権力的な場面ではないように思える。むしろ善良な医者であればあるほど、患者の悩みを聞き取るために細心の注意を払う努力をしているのではないだろうか。しかしながら、個々の医者の善意とは無関係に、医療という場面においては、私たちの経験がすべて医学的なまなざしのもとに一義的に意味づけされてしまう。このことを考えれば、診断場面とは医学的知識という有無を言わせぬ真理を押しつける権力的な場面とも言うことができよう。そしてこの視点はフーコーが私たちに与えてくれたものである。

フーコーは『監獄の誕生』[1]において、一望監視装置に自発的に従属する新しい権力の誕生を描いたが、この相互監視にさらされる道徳的主体は一八世紀における国民国家の形成において一つの質的転換を被るようになるという。特にドイツの国民国家形成期において「ポリツァイ」という学問と行政組織は、国力を国民に定位し、国民の安全と福祉を国家目標として掲げるようになる。これは国民一人一人に「生を与える権力」を意味し、フーコーは「生—権力」(bio-power)と呼んだ。それは国民から見れば、社会の道徳的秩序に自らすすんで従属するだけでなく、自己の安寧に配慮する司牧者に自らのアイデンティティを承認してもらうことも意味する。つまりここには国民を個別化して統治するとともに、生活の隅々までを監視する「全体主義の原理」が働いているのである。[2]

そして「臨床的な聴取＝告白」を通して働く司牧者権力のテクノロジーは、歴史的にみれば性をテーマとして私たちの日常生活に浸透する。それは現在の社会の全般的な医療化(メディカリゼーション)と福祉化として考えることもできるだろう。ここで問題にしたいのは、専門家に対する「相談」という微細な場所が、クライエントを専門家の支配に従う「主体」へと組み替えていくポリティックスの場でもあるということである。つまり、クライエントとしてのアイデンティティを獲得し主体化することは、同時に専門家に従属することを意味する。そうだとしたら、病院の診察場面はもちろん、カウンセリングや種々の相談場面において、クライエントを主体化＝従属化するポリティックスがどのように働いているのか、その解明が重要な研究テーマになってくるだろう。フーコーによる問題提起は、歴史的なものであったのに対して、いまここで展開している医療場面を分析するのは、エスノメソドロジー／会話分析の課題になる。

エスノメソドロジーにおけるポリティックスへの関心

エスノメソドロジーにおける「ポリティックス」をめぐるサッチマンやマッコールの提起した最近の議論[3]を概観すると、すぐに「権力」やポリティックスを分析することの困難に突き当たる。つまりリンチたちの「ポスト分析社会学」[4]が論難するように、「権力」や「ポリティックス」を問題にしようとすると、それは現象それ自体に内在する問題ではなく、研究者が恣意的に押しつけた問題になる危険性があるという困難である。確かにこうした批判はあたっている面もある。例えば、マッコールの分析にしても、サッチマンの強い告発にしても、相互行為の中に安易に「主体」の側の抵抗を読みとる結果に終わってしまっているように見える。[5]それでもなぜ「政治」への問いかけがこれほど止みがたいものとして表現されるのだろうか。それはエスノメソドロジーの出発点から「部族的忠誠(tribal allegiance)」の問題として、支配的文化の及ぼす権力の相対化が潜在的テーマの一つになっていたからではないだろうか。それは、エスノメソドロジーの実践を通して、支配的文化を知らぬ間に再生産している私たちの協働的実践（エスノメソッド）を相対化しようとする道である。当然ながら、相対化の結果はそこからの解放を含蓄している。しかしながら兼子が指摘するように、[6]自明視された協働的プラクティスを「解放された主体」が解体するというストーリーは、私たちが「回心」しさえすれば、あたかも現実の苦境から自由になれる道が開かれるような楽観主義でしかないだろう。

むしろ私たちがここで発すべき問いは、エスノメソッドを協働で実践する「メンバー」それ自体を俎上にあげ、それがどのようにして作り出されるのか問題にすることだろう。本書を通して示してきたように、「メンバー」にとって現実の意味が一元的に確定していくように見えるならば、それは「判断力喪失者」の実践の結果である。つまり、インデックス性を具体的な状況において修復していくコンピタンスとは、判断力喪失者のコンピタンスなのである。そうだとしたら、エスノメソッドの相対化の中に「抵抗する主体」を安易に読みとっていくのではなく、フーコーの「主体化＝従属化」の議論を踏まえながら、どのようにして「判断力喪失者」＝従順な身体が産出されていくのか、そのプロセスを示すことが重要である。なぜなら、現実構築のプロセスをたどることは、変更不可能に見えていた意味を脱構築し、それを多様な可能性へと開いていくことになるからだ。[7]では、精神医療の場における専門家としろうと（クライエント）との非対称性をポリティカルな実践の結果として分析しよう。

サッチマンの専門家の分析

サッチマンはコンピューターソフトの開発者ウィノグラートとの論争において、しろうとである日常生活者がプログラマーという専門家が考案した装置の支配下に入ってしまうことに危機感を抱いてた。つまり、彼女のもともとの動機の一つとして、専門家による「支配＝統制」の問題を挙げることができる。彼女は医者の診察場面の研究をもとに、（ア）しろうとは専門家の設定した制度的アジェンダ（相互行為の実質的内容や方向づけについての事前の取り決め）を端的に知らないために、専門家としろうとのあいだに「非対称性(asymmetry)」が出現すること、そして（イ）しろうとは専門家との具体的な相互行為に対処することでしか隠れたアジェンダを実現する方法はないため、しろうとは専門家に従属してしまうと主張した。[8]

これは言い換えれば、制度として確立した「支配的文化」（サックス）が具体的場面でしろうとの行為をどのようにコントロール（統制）していくのかという問題である。この統制の問題は、サックスのカテゴリー化の考え方をフーコーの「権力作用」（power effects）の概念に結びつけることによって、分析の糸口をつかむことができる。それは、当該状況における個々人の行為の潜在的可能性や方向性を、ある一定の方向に向かって構造化する権力である。権力作用論は強制でも抵抗でもない、主体それ自体を構成する権力をターゲットにしている。

これをカウンセリングや診察場面に置き換えて考えてみよう。それは、そこで働いているアジェンダ（相互行為の主題）が、しろうとのクライエントにはアクセス困難なまま、しろうとを相互行為に巻き込んでいくような権力の現象である。具体的にいえば、たとえば医者は患者の症状を特定化するために種々の質問をするが、患者はふつう医学的知識を持っていないために、いまの質問のなかで何がアジェンダとなっているのか見当がつきにくいということである。

サッチマンはしろうとと専門家の「非対称性」に関心をもっていたが、ここではしろうとが自発的にクライエントとして主体化するメカニズムが一つのポリティックスとして考えられることになる。ではそれは具体的には何だろうか。それは専門家がトラブルをしろうととの言説の中に読みとることを通して「トラブルを産出」し、しろうとを「クライエント」として主体化していく「真理のゲーム」である。なぜならトラブルがなければ、そもそも専門家にかかる理由はひとつもなくなるからである。会話分析の中ではこれは「トラブルズ・トーク」として扱われてきた。そして日常会話における「トラブルズ・トーク」と制度的文脈における それが明確に異なっていることを例証する。たとえば、ジェファーソンとリーは、[9] 以下のように要約している。つまり、日常会話における「トラブルズ・トーク」の特徴とは、トラブルの聞き手は、トラブルを語る当事者の気持ちに対して大いに関心があることを表現するよう期待されていることである。それにもかかわらず、聞き手のアドバイスはしばしば無視される。というのは、聞き手はアドバイスの受容者という低い地位を受け入れるのに抵抗するからであるという。

これに対して制度的文脈においては、サービス提供者はトラブルの語り手の気持ちにはまったく関心を示さない。しかもサービス提供者の示した解決には黙って従わなければならない。こうして、日常会話における問題の中心はトラブルを抱えた当事者自身であり、トラブルの聞き手はそのトラブルの評価を含んだセカンドストーリーを自分の側からも提示するように期待される。これに対して制度的文脈においては、問題の中心は当事者ではなく、トラブルそれ自体なのである。シルバーマンはこれに付け加えて、さらに制度的文脈における「トラブルズ・トーク」の特徴を要約している。つまり(a)そこには一人以上の専門家がいる。(b)トラブルの語り手はその専門家に対して、アドバイスの提供者として志向している。(c)専門家はトラブルの語り手の体験や気持ちよりはむしろ、トラブル自体への関心を表現する。[10]

しかしここでリンチとバタンによって指摘されたように[11]、精神科に特有の制度的条件を付け加える必要がある。それは通常のサービス提供機関においては、クライエントが自らすすんでトラブルの解決を求めてくるのに対して、精神科においては必ずしもそうではないということだ。むしろ、ゴッフマンの有名な「裏切りの漏斗」のように、患者は身近な者たちから裏切られて、精神科の診察室まで無理につれてこられたというのが一般的だろう。[12]つまり、患者自身は自分の置かれた状況をトラブルとして認めておらず、むしろ周囲の者たちや医者がトラブルを認めるのである。したがって、トラブルの語り手は医者という専門家に対して、アドバイスの提供や解決の提示を期待していないことになる。その結果、精神科の面接においては、専門家による解決策の説得や押しつけがなされることになる。

この逆転した構図はいったいどのようにして成立するのだろうか。この問題を包括的に考察するためには、つぎの精神科の診察室における相互行為や、精神病的な徴候に対する一般的なリアクションを考察するだけでは十分でない。なぜなら、それは精神病に対する一般的な偏見と、医療による制度化された対処法を見るだけになってしまうからだ。むしろ私たちはそれだけでなく、当事者自身の定義の仕方も含めた、多種多様な権力作用の働きを見なければならないだろう。その前に最初に「トラブルズ・トーク」の枠組みによって、どんなことがわかるのか示そう。

制度的ディスコースとしての精神科のルーティンワーク[13]

Tは医者、Pは患者、:は音の延ばし、//はオーバーラップ、(1)は沈黙の秒数、=は発話間に間合いがないこと、-は音の中断を示す。

10 T　ええ:と、それで、いま問題になってるのは、た-退院の時期よね。
11 P　はい、退院の時期です。
12 T　うん。
13 P　もうちょっと早くてもいいんじゃないかなって//(思うん)ですけどね。
14 T　　　　　　　　　　　　　　　　　　　　　うん、だけど、ワンパターンでそうふうにな:なっちゃうからな:、Aさんでも Bさんでも Bさんでも、早ければ早いにこしたことないって言うやろ。
15 P　はい。
16 T　もうちょっとこう、あ-あれこれ//理由をゆってくれない
17 P　　　　　　　　　　　　　　　俺がおるとお客さんが減るんですよ　へへへ
18 T　え

19 P　俺がおるとお客さんが減りますよ。
20 T　いると減る?
21 P　はい。
22 T　どこのお客さん?
23 P　面会室の。
24 T　H病院のお客さんが減るの。どういう意味それは?
25 P　ぼくが、考えが伝わってるから、見たことも見えるから。
(1)
26 T　うん、見たことも見えるから?
27 P　だから、あの:(1)人に知られたくないって思ってから来てるんですから。
28 T　うん
29 P　で、顔見られるとまずいと思って、お客さんが減るんじゃないか。
30 T　あ、来るひ-精神科に来る人たちは//、自分が精神科にきたことを知られたくない//と思って来てるのに//、Bさんがこの病院に入院してるとそのことが(1)
31 P　はい　はい　はい　ばれちゃう=
32 T　=ばれちゃう、どう、いや、Bさんには、ばれるんだけども。

33 P みんなにばれる。
(2)
34 T ん？どうしてばれるの。しゃべる - しゃべんの、どっかで？
35 P いや、ぼくが見たことは見えるんですよ、ほかの人にも。
36 T ほかの人にも見える？
37 P はい
38 T 見えるというのは、しゃべ - しゃべらなくても見えちゃうの？
39 P はい
40 T しゃべらなくて見える。
(2.5)
41 P そういうことありえないですか？
42 T いやいや、え：と具体的に言ってみて。ど - どんなことかな。
43 P ぼくが花を見たら／／ほかの人も花が見える。
44 T うん うん、それはぼくにも見えるの？
45 P はい

サッチマンの整理にしたがって、[14]医者と患者の面接がどのように制度化されているのか最初に要約しよう。まず第一点は発話順番のタイプがまえもって設定されていることである。つまり、質問するのはほとんど医者の側であり、患者がそれに答えるといった発話タイプの限定である。この装置の要点は、しろうとと専門家の相互行為を専門家に回収し統制することにある。また専門家の側に頻繁に見られる沈黙は、患者からさらに情報を要求する間接的手段となる。そして第二点は、相互行為の実質的内容と方向を指示するアジェンダが存在することである。もちろんここでのアジェンダは、患者の話から精神疾患の徴候を読みとることである。そしてこのアジェンダ理解において、専門家はそれを知っているがしろうとは知らないという非対称性が存在する。

まずこの会話においては、この二つの大きな特徴がすぐに観察できる。そして、最初の10T-17Pの部分において患者に一種の「抵抗」が読みとられる。それは「退院」をめぐる患者の側の要求として理解できる。精神病院における「退院をめぐるトピック」は一般的に医者と患者のトラブルのもとになってきた。ここで問題にしたいのは、いつ退院できるのかというトピックが表面化しない場合でさえ、精神病院においては常に潜在的なトピックとして存在することである。そして医者も患者もこの問題をめぐって、簡単に意見の一致が見られることがまれであることを知っている。この会話では、13Pにおいて「もうちょっと早くてもいい」という意見が出されるやいなや、14Tにおける割り込みという形で、すぐに医者から反論がだされる。ここで医者の反論の仕方が、Pの要求を精神病院に固有な要求として認めていることに注意したい。

ところが16Tでの退院理由の要請に対して、「17P俺がおるとお客さんが減るんですよ」という意外な答えが患者からなされている。このシーケンスは発話行為のタイプとしては医者の問いかけと患者の応答から成っていて、25Pまで一つのまとまりを形成しているように見える。というのは、26Tから最後の45Pまでも発話行為のタイプはこれと同じだが、26T以降のシーケンスには直前のシーケンスには見られなかった沈黙が挿入されているからである。結論を最初に先取りすれば、17P‐25Pのシーケンスは通常の会話と変わらない質問／応答のシーケンスであり、26T以降のシーケンスは精神疾患の徴候を定式化する質問／応答のシーケンスではないだろうか。そして精神疾患の徴候の定式化活動は患者には隠されたアジェンダになっている。

まず最初の17P‐25Pのシーケンスを分析しよう。17Pの患者の返答は、その後に続く20T、22T、24Tの「聞き直し」によって、医者にとって意外な返答であったことがわかる。そして医者の連続した問いは「25P ぼくが、考えが伝わってるから、見たことも見えるから」という患者の答えでいちおうの完結点に至る。この返答の内容の奇妙さについては

173　第七章 「妄想」の語られ方――精神医療の言説編成

いったん脇に置くことにして、むしろ、この返答を医者がどのように扱ったかということを問題にしたい。日常会話であれば、医者の問いかけが終了した時点で、患者の応答に対して何らかの評価を伴った反応が聞き手（医者）からすぐに予想されるはずである（ストーリーの終了後のスロットに対するオチの表示）。しかしここではそれが来ないで、沈黙が一秒来ている。これはどのような現象だろうか。

一つの解釈は25Pの返答が理解できないほど意外な答えであったというものである。この解釈を採用すれば、最初の沈黙は25Pの内容について何らかの疑問や反論を提示していくようなシークェンス（選好されないシークェンス）の前触れとして解釈できるだろう。そしてそれは精神科の医者ではなく、日常生活者に予想される反応ではないだろうか。ところが、それに続く26T「うん、見たことも見えるから」を見ると、形式的には沈黙をはさみながらも、25Pの内容を踏まえて、さらに詳しい説明を求める通常の問いのタイプが来ていることがわかる。ここには患者本人の体験や気持ちよりも、患者の発言それ自体の分析に対する志向性が読みとれるのではないだろうか。あるいはこの問いを「選好されないシークェンス」の一部として無理に解釈することも可能かもしれない。しかしそれでは44Tまでずっと、さらなる説明を求める問いが続けてなされていくことが奇妙になる。だとしたら、精神科の診断（徴候の定式化作業）がスタートするのは26Tからではないだろうか。ここでバタンのコメントをパラフレーズすれば「うん、あなたの言うことは精神疾患の徴候として理解できました。それで、見たことも見えるから、どうしたのですか。もっと説明してください」となる。

そして26Tからの医者の隠れたアジェンダは診断の定式化作業だとしても、表面的な会話のトピックは最後まで「Pがいると病院にくる患者が減る」のはなぜかという説明になっている。ここで問題にしたいのは、この物語に対して医者がどのような反応をしているかという点である。日常会話であれば、物語の完結点に対して評価が予想される。そして評価のスロット(場所)において、話し手の物語に同意したり、反対したりする。ところが、33Pの直後や43Pの直後という評価がくる可能性のあるスロットにおいては、沈黙が来ている。特に40Tのスロットは患者から一つのストーリーを聞き出した終結点であるにもかかわらず、患者が今話した物語に対して何も評価を下していないことは興味深い。これが患者に有徴性を帯びた「反対意見」として聞かれたことは、41Pで「そういうことありえないですか?」という反応が返ってきていることからもわかる。まとめると、患者の「徴候」として認められる発言を契機として、それをさらに説明する質問が最後まで継続してなされていると思われる。

「妄想」と精神科面接

私たちはここでもう一度患者の意外な答えによって、精神科に特有な制度的面接がスタートする時点を考えてみる必要がある。「25P　ぼくが、考えが伝わってるから、見たことも見えるから」という発言は少なくともトラブルの申し立てではない。それではいったい何だろうか。医者の理解についてはいま見てきたが、日常生活者はこれをどう理解するだろうか。「そんなことありえないよ」と反論するだろうか。あるいは変なことを言う人だと変人扱いして、近づかないようにするのか。少なくともこの発言はクルターの言う日常言語の論理文法には違反している。私たちはそれを一種の「妄想」とするかもしれない。それでは当事者はどう考えるのだろうか。

最初に私が沖縄で行った、ある精神病院でのフィールドノートから、一つのエピソードを紹介する。Mさんは二〇代前半の男性で、現実感が確かめられないために、壁や床にからだをこすりつけながら移動する習慣を持っていた。私は最初この行動を見たとき、彼に恐怖を感じてしまった。それからしばらくしてだれもまわりにいないときに、彼がいつもと違ってふつうにまっすぐ私のところまで歩いてきて「ばかやろー」と怒鳴った。私は常々恐怖を感じることに罪悪感を持っていたので、すぐに「すみません」ということばが口から出た。この事件を契機にして彼と私とのあいだに不思議な信頼感ができあがり、彼は一日のうち私とすごす時間が定期的にできるようになった。すると最初は小さな手伝いから始まって、誰もまわりにいないことを確認したあとで、彼が自分の「妄想」を語りだすようになった。それは医者やナースや同僚患者にはめったに話さないことだったらしい。このことは精神病院という制度的な権力について示唆を与える。つまりもし「妄想」をこの面接の患者のように、診察の時に話せば「まだ退院できない」精神疾患の徴候として読み取られてしまう。つまり、それは病院内では医療の対象として構築され、ふつうに日常場面で話すことを禁止された対象なのである。その結果、信頼のおける者にしか話さない「秘密」となる。しかしながら、妄想を聞いてくれる他人を持つことは、このMさんにとってある種のゆとりを生み出したことは確かであるように思う。

こうした医療の統制下において妄想を意味づけるのではなく、北海道の日高にある協同作業所「ベテルの家」での対極的な試みはおもしろい[15]。つまりそこでは一年に一度「妄想大賞」を設けて、妄想それ自体を表彰する制度を持っている。これは、その日だけは妄想を自由に表現し、それをみんなで肯定的に評価する制度である。彼らの実践は、医療や常識のスティグマに対抗する一つの戦略ではないだろうか。さらに精神医療に代わるオルタナティヴを求めるジュディ・チェンバレンによれば、自分の「病気」の体験を医療という権力の下に管理されるのではなく、同じ人間の体験として通常の支援を提供しあうことを提唱している。[16]このようなパースペクティヴから眺めるならば、クライエントが自分から進んで妄想を語りたがらないことは当然と言えよう。そして、現在の妄想の語り方のほとんどが医療や常識のスティグマにおおわれているとしても、私のフィールドワークの体験や「ベテルの家」の実践は、妄想の別な語り方を批判的に示していると言えるだろう。

二つの共約不可能な現実構築実践

以上のように医療場面を批判的に相対化することで、再度この診察場面を分析することにしよう。26Tから始まる医者の定式化の実践をよく見ると、ただ単にさらなる説明を求める質問ではないことに気づく。つまり、常識ではおかしな発言だと思われる「25P　ぼくが、考えが伝わってるから、見たことも見えるから」に対して、あからさまに「おかしい」とか「そんなことはありえない」と反論するのではなく、「30T　あ、来るひ‐精神科に来る人たちは、自分が精神科にきたことを知られたくないと思って来てるのに、Bさんがこの病院に入院してるとそのことが」と、相手の話の内容をまとめることで確認しようとする。あるいは「32T　＝ばれちゃう、どう、いや、Bさんには、ばれるんだけども」という聞き方や

「34T　ん？・どうしてばれるの。しゃべる‐しゃべんの、どっかで」や「38T　見えるというのは、しゃべ‐しゃべらなくても見えちゃうの？」においても、性急に精神疾患の徴候を患者に貼り付けるのではなく、患者の話を例証することで精神疾患の徴候を確認する一種の用心深さが観察できる。ベルグマンはこうした現象を精神医療に特有の配慮の現象だとする。つまり、個人的な体験を聞く場合には、第三者はあくまでも間接的なアクセス権しか持っていないために、相手の直接体験を相手からじかに提供してもらうという形でしか、精神疾患を定式化することはできないからである。ということは、精神科診断の定式化は結果的に間接的で曖昧な質問の形式を取らざるをえなくなる。これはベルグマンが指摘するように[17]、日常的な道徳性に引き戻して考えれば、直接言及すれば「不都合」で「不愉快」な事柄を間接的にあいまいにすることで聞き出そうとするリアリティになるだろう。だとしたら、精神科の定式化の実践は一方で制度としての精神医療の枠組みに拘束されながら、他方でクライエントに依存せざるをえないという点で、直接患者の体験を否定しはしないが、間接的に患者の体験を道徳的に「皮肉る」実践に巻き込まれているのではないだろうか。

そうだとしたら、「25P　ぼくが、考えが伝わってるから、見たことも見えるから」という患者の発言は、ベルグマンの想定した医療と日常的道徳の二つの局面ではなく、同じような体験をした障害者当事者のあいだで別様に理解される可能性を持っている。私がここで示したかったことは、一見よくある精神科の診察場面のプロセスを会話分析を使って克明にたどりなおすことによって、これとは別様な組み立て方の可能性を読み取ることである。そして、これはフーコーの指摘したように、自明視された現在を権力作用の編成として読み直し、多様な言説編成の可能性を明らかにすることにつながっていくのではないだろうか。[18]

注

第一章　コミュニケーションの不可能性と権力現象

1　F・カフカ『カフカ短篇集』池内紀編訳、岩波文庫、一九八七年、九―一〇頁。

2　ここに伏線として、田舎からきた男が都会の門番の言うことに従うのは当然だといった都会と田舎の対比をめぐる「常識」が配置されている。これは主人公を常識の呪縛へと導く落とし穴である。

3　この点については、山田富秋「エスノメソドロジーの現在」山田富秋・好井裕明編『エスノメソドロジーの想像力』せりか書房、一九九八年参照。

4　Garfinkel,H., 1967, *Studies in Ethnomethodology*, Prentice-Hall, p.69-70. ガーフィンケル他、北澤裕・西阪仰編訳『日常性の解剖学』マルジュ社、一九八九年、七八―九頁。

5　Sacks,H.,1992, *Lectures on Conversation*, vol I , edited by Jefferson,G., Blackwell, pp.363-9.

6　Sacks,H., *op.cit*. p.366.

7　Sacks,H., *op.cit*. p.119.

8　Garfinkel,H. & Sacks,H.,1970, 'On formal structures of practical actions', in McKinney,J. & Tiryakian,E.(eds.) *Theoretical Sociology*, Appleton-Century-Crofts, pp.337-366. ガーフィンケルとサックスは自然言語の形式的構造の定式化こそエスノメソドロジーの中心的研究課題であると宣言している。

9　Sacks,H., *op.cit*. p.118. この問題については、さらにつぎの論文を参照。清矢良崇「社会化・言説・文化――H・サックスの視点を中心にして」『教育社会学研究』第54集、一九九四年。

10 Ｆ・カフカ、高橋義孝訳『変身』新潮文庫、一九五二年、八六―七頁。

11 Garfinkel,H.1967, *Studies in Ethnomethodology*, p.79ff. この実験については、クロン、山田富秋・水川喜文訳『入門エスノメソドロジー』せりか書房、一九九六年、八〇―九七頁が詳しく紹介している。

12 Foulcault,M. 'The subject and power', in Dreyfus & Rabinow, *Beyond Structurism and Hermeneutics*, Harvester Press.1982,p.212. 山形頼洋他訳『構造主義と解釈学を超えて』筑摩書房、一九九六年。また、本書の第四章「差別現象のエスノメソドロジー」を見よ。

13 山田富秋「エスノメソドロジーの現在」山田富秋・好井裕明編『エスノメソドロジーの想像力』せりか書房、一九九八年。

14 White, M., *Re-Authoring Lives: Interviews & Essays*, 1995, Dulwich Centre Publications. p.158. さらにまた、山田富秋「セラピーにおけるアカウンタビリティ」小森康永・野口裕二・野村直樹編『ナラティヴ・セラピーの世界』日本評論社、一九九九年、参照。

15 批判的ということばを最初にエスノメソドロジーにつけたのはマッコールである。彼はエスノメソドロジー内のインデックス性の定義を批判することから出発した。つまり、ガーフィンケルによれば、インデックス性とは表現の意味が、それが生起する文脈に依存するということである。しかし現在、それが表現の意味の不確定性よりはむしろ、表現の意味が当該の文脈によって了解可能な仕方で確定できるという研究指針として捉えられている。マッコールは、それは意味の多元的な確定可能性を閉じるものだとして批判する。なぜなら、意味の多義性を閉じることは、フーコーの指摘するように、権力作用の結果であるからだ。そしてインデックス性の文脈における確定性を問題にすることは、それを「批判する」ことであるという。ここから彼は「批判的エスノメソドロジー（critical ethnomethodology)」を提唱する。McHoul, A.W. 1994, 'The Critical Ethnomethodology', *Theory, Culture and Society*, 11, pp.105-26. 同じくさらに、1996. *Semiotic Investigation*, University of Nebraska Press.

16 G・C・スピヴァク、上村忠男訳『サバルタンは語ることができるか』みすず書房、一九九八年。

17 Gubrium, J. & Silverman, D., 1989, *Politics of Field Research:Sociology beyond Enlightment*, Chapter 1. この議論について詳しくは山田富秋「フィールドワークのポリティックス」好井裕明・桜井厚編『フィールドワークの経験』せりか書房、二〇〇〇年を参照。

18 Foucault,M., 1976, *La volonté de Savoir*, Editions Gallimard, 渡辺守章訳『知への意志、性の歴史I』新潮社、一九八六年。

第二章　シュッツの科学批判とエスノメソドロジー

1 この点について理論的に行き届いた整理をしているものとして、浜日出夫「シュッツ科学論とエスノメソドロジー」『文化と社会』創刊号、マルジュ社、一九九九年、参照。

2 たとえば西原はつぎのように指摘する。「シュッツ最後期の立場は、他者理解のアポリアや相互主観性の問題に真向から立ち向かうのではなく、それはいわば逃避の道であって、超越論的現象学のもつ徹底した「批判」機能を畏縮させるものであり、一種の現状追認の個体主義や独我論に安住するものだと論難される」。西原和久「第一章　両義性を生きる　第三節　問題としてのシュッツ：問題の転轍」、西原和久編著『現象学的社会学の展開』青土社、一九九一年、三〇頁以降参照。

3 これについては本書第三章を参照せよ。また、Helmut Wagner, *Alfred Schutz: an Intellectual Biography*, The University of Chicago Press,1983　を参照のこと。

4 ヴァイトゥクスは、間主観性に対するフッサールの超越論的アプローチがなぜ失敗すべく運命づけられているのか、シュッツやアーロン・ギュルヴィッチの議論を要約しながら、わかりやすく説明している。

そこから導かれる結論は、間主観性を本質的に社会集団の問題として扱うということである。それはなぜか。「私が他我に関して得るあらゆる可能な知が、すでに社会的世界の根本的カテゴリーに関する知を前提にし」ているからであり、例えば超越論的自我に直接与えられるとする他者の「身体」でさえ「社会的世界のア・プリオリな知に基づいて解釈されない面は存在しない」（二五四頁）からである。さらにまた、超越論的自我が想定するような他者は「われわれの生きられた経験とは根本的に調和」（二五六頁）しない。では日常世界において間主観性はどのように生きられているのだろうか。著者はここでメルロ＝ポンティのように、間主観性を「存在論的事実」として受け入れ、それ以上記述することを放棄する「神秘的な」立場をとらないと明言する。むしろ、彼が行おうとするのは、社会集団のさまざまな位相において、間主観性が自明視されたり、あるいは間主観性が達成されたりする、その具体的な組織化のメカニズムを解明することである。ヴァイトゥクス、西原和久他訳『「間主観性」の社会学』マルジュ社、一九九六年。

5 たとえばギデンズは「適合性の公準」は不十分だと言う。なぜなら「このことが何を意味するかについては、少しも明確ではない」し、「なぜそのようなことが望ましいと考えられるかにしても、また（中略）どのようにしてそうすることが可能なのかにしても、明らかにするのは難しい」（邦訳、三九―四〇頁）。シュッツからせいぜい得られるのは、科学者も日常生活者も社会を解釈するという「二重の解釈学」（二二〇頁）の重要性である。Giddens, A., *New Rules of Sociological Method*, Hutchinson, 1976. 松尾精文・藤井達也・小幡正敏訳『社会学の新しい方法規準』而立書房、一九八七年。

6 たとえばフーコーの人間科学の誕生についての説明は有名だ。つまり医学や心理学が生まれたのは、「規格」からの逸脱を「病気」や「犯罪」として個別化し管理するためである。ミシェル・フーコー、田村俶訳『監獄の誕生』新潮社、一九七七年。

7 Parsons, T., *The Sturucture of Social Action*, Vol.I, Free Press, 1937. p.58ff. 稲上毅・厚東洋輔訳『社会的行

為の構造』第一巻、木鐸社、一九七六年、九七―八頁。

8 Grathoff. R.(ed.), *The Theory of Social Action*, Indiana U.P. 1978. p.xxiv. pp.xxi-xxii. 佐藤嘉一訳『シュッツ―パーソンズ往復書簡　社会理論の構成』木鐸社、一九八〇年、四八―五三頁。引用文の訳は筆者による。

9 Schutz,A., 'The Problem of Rationality in the Social World,' in *C.P.* II. pp.79-80. 渡部光・那須壽・西原和久訳、アルフレッド・シュッツ著作集第三巻『社会理論の研究』マルジュ社、一九九一年。

10 おもに多元的現実論にしたがって要約した。Schutz,A., 'On Multiple Realities', *C.P.* I. The Hague, 1962 渡部光・那須壽・西原和久訳、アルフレッド・シュッツ著作集第二巻『社会的現実の問題[Ⅱ]』マルジュ社、一九八五年。

11 Schutz, A., 'On Multiple Realities', *op.cit.* *C.P.* I. p.255.

12 以下の三つの論点の引用は以下による。Schutz, A., 'The Stranger', *C.P.* II. pp.97-8. 森川眞規雄・浜日出夫訳『現象学的社会学』紀伊国屋書店、一九八〇年、四七―八頁。

13 実際、シュッツの考察は社会調査におけるワンショット・ケーススタディによくあてはまるようだ。この調査法は経験的にも倫理的にも許される方法ではないだろう。それは、調査対象地へまったく行かず、ただ単に研究者の恣意的な科学的仮説によってなされる量的調査のことである。そして社会調査の歴史は、こうした調査が現地の対象者と数多くのトラブルを引き起こし、いわば「調査公害」とまで言われてきたことを教えてくれる。つまり、研究者の側の仮説が「科学的」であればあるほど、対象者の生活世界とはかけ離れたものであり、対象者について書かれた報告書は、一度も現地の人々とのやりとりを経過していないために、対象者からの反応によっては検証されないものになってしまうのである。佐藤郁哉『フィールドワーク』新曜社、一九九二年、参照。

14 Schutz, A., *op.cit.* 'On Multiple Realities', p.250.

15　レリヴァンス・システムを「実際の出来事」と「意図された出来事」を一致させていく社会的判断作業として読み替えていくために、初期のガーフィンケルは多元的現実の各々にはたらく「構成的規則」を抽出する作業を行った。構成的規則は当該の文脈を拘束力のある現実に変換する規則である。これについては、山田富秋「言語活動と文化的相対性」『社会学研究』42・43号、三八七―四〇二頁、一九八二年、参照。

16　これはもともとはシュッツがベーコンの四つのイドラから借用したものである。ガーフィンケルは社会秩序の道徳的拘束性のエスノセントリズム（自文化中心主義）を強調するために、内集団を皮肉るニュアンスがうかがえるこの用語をよく使っている。この引用は、ガーフィンケルの博士論文の第三章と『エスノメソドロジー研究』第八章（pp.265-6.）からとった。

17　この五点の要約はガーフィンケルの『エスノメソドロジー研究』の第八章の記述(pp.272-7)と、博士論文の第四章、A部とB部の記述を比較してまとめたものである。まとめ方は第八章の内容を優先させ、博士論文だけにある記述については本文中にことわった。また、『エスノメソドロジー研究』の第八章の記述にある第五番目の特徴「私的生活と公的生活の乖離」は博士論文には含まれていない。そのかわり博士論文では「場面的表現(occasional expression)」の問題が扱われている。Garfinkel, H., *The Perception of the Other:A Study in Social Order*, Ph. D. Dissertation.Harvard University.1952. 第四章、A部とB部。なお、博士論文の記述を中心にまとめたつぎの論文を参照せよ。山田富秋「常識的カテゴリーの優位性――ガーフィンケルのシュッツ解釈」『社会学研究』44、二一九―四八頁、一九八二年。

18　Garfinkel, *op.cit.* 1967. p.283.　さらにまた、第二章「日常活動の基盤」北澤裕・西阪仰訳『日常性の解剖学』マルジュ社、一九八九年において、学生に自分の家で下宿人として行動させる課題がある。これも科学的態度と現実の実践的行動との対比として読むことができる。つまり、ひとつの課題はただ単に、慣れ親しんだ家庭を下宿人のように眺める課題であり、もうひとつの課題は、それを実際に行動に移せというものである。最初の課題を実践すると、いつもの家族関係が非常になれなれしいものであり驚いたという。その中で下宿人のような「よそもの」の態度を維持することは困難であり、この課題から解放されるとほっとしたという。しかし、これを実際に行動に移すと、確かに家族成員からの怒りの爆発や叱責などがあったが、それはすぐに学生の怒りも引き起こし、不安や困惑など生じなかったという。つまり、前者の実験がモノローグ的な背後期待に囚われているのに対して、後者の実験はそれを行為によって踏み越えてしまっているのである。

第三章　「個性原理」と対話的コミュニケーション

1　Lynch,M., 'Method: measurement-ordinary and scientific measurement as ethnomethodological phenomena' in Button, G. (ed.), *Ethnomethodology and Human Sciences*, Cambridge U.P., 1991, さらにまた、*Scientific Practice and Ordinary Action*, 1993, Cambridge U.P. 参照。

2　Pollner,M., 'Left of Ethnomethodology', A.S.R. Vol.56,1991.

3　浜日出夫「第一章　現象学的社会学からエスノメソドロジーへ」好井裕明編著『エスノメソドロジーの現実』一九九二年、世界思想社、一五頁以降。

4　Garfinkel, H., 'Respecification : evidence for locally produced, naturally accountable phenomena of order*, logic, reason, meaning, method, etc. in and as of the essential haecceity of immortal ordinary society, (I)-an announcement of studies' in Button, G. (ed.) *Ethnomethodology and Human Sciences*, 1991, Cambridge U.P. pp.10-19. 以下のカッコはここからの引用である。

5　Garfinkel, H., and D.L.Wieder, 'Two Incommensurable, Asymmetrically Alternate Technologies of Social

Analysis' in Watson, G., and Seiler, R.M. (eds.) *Text in Context; Contributions to Ethnomethodology*, 1992, Sage, pp.175-206.

6　この点を要約するに当たって皆川満寿美「エスノメソドロジーとマテリアリズムのあいだ――フェミニストD・スミスの場合」（『現代社会理論研究』第2号、一九九二年、一一―一二頁）が非常に役に立った。

7　ガーフィンケルは一一の生きられた秩序が、まさにいま、ちょうどここにおいて、ローカルな人々の世俗的なコンピタンス（vulgar competence）を通して組織化されることを表現するためにクィディティーズ（quiddities）ということばをつい最近まで使っていた。ところが、この用語がスコラ哲学の伝統によれば、普遍的な本質（「通性原理」）を意味することがわかったので、それと反対のいま―ここでの固有の意味を表すヘクサイティ（haecceity「個性原理」）に変えたという。したがって、ガーフィンケルの言わんとするところを汲み取れば、私たちが『排除と差別のエスノメソドロジー』（山田富秋・好井裕明共著、一九九一年、新曜社）で展開した「いま―ここ」の訳語をあててもおかしくないだろう。Cf.Garfinkel, H., and D.L.Wieder, *ibid.*, p.203. note 2.

8　Garfinkel and Wieder, *op.cit.*,1992, p.184.

9　浜日出夫「シュッツ科学論とエスノメソドロジー」『文化と社会』創刊号、マルジュ社、一九九九年。

10　例えばシャロックとアンダーソンは、ここで「認識論」という用語で意味しているのとは全く反対の意味で「認識論的基準」ということばを使っている。彼らによれば、シュッツを認識論的に捉えることによって現実の相対性の問題に直面したり、ある限定された境界をもった複数の現実の存在を認めるという誤ちに陥ると警告する。彼らが「認識論的」ということばで意味することは、哲学的あるいは懐疑主義的という表現に近い。つまり、ある現実の真偽を他の現実を基準として裁定するといった、リンチの「基礎づけ主義」に近い考え方である。

彼らはこうした「困難な事態」を回避するために、シュッツの多元的現実論をよく検討する必要があると主張する。それはシュッツの中に「認識論的様式」から「組織化の様式」への転換を認め、それを継承することである。つまり、エスノメソドロジーはあるトピックについて「認識論的基準を定式化するのではなく、むしろ、その社会的組織化の諸特徴を記述する様式へと変換する」(p.62) 試みをするのである。これは「内生的リフレクシヴィティ」へと埋没する方向を選択するという決断であり、これまでの議論に照らして言えば「社会的組織化」が研究者の身体を伴わずに遂行されるといった「認識論的」立場になる。このことは、彼らのここでのシュッツの引用が意識の流れを中心とした認識論に傾いていることからもわかる。彼らの問題は、シュッツにおける身体論の重要性と、能動的理解が内集団のモノローグ的世界を破るための投企であることを理解していない点にある。Cf. Sharrock, W. and Bob Anderson, 'Epistemology: professional scepticism' in Button (ed.) *ibid.*, 1991, pp.51-76.

第四章　批判実践としてのエスノメソドロジー

1 カスタネダ『呪術師と私——ドン・ファンの教え』(一九七四年)『呪術の体験——分離したリアリティ』(一九七四年)『呪師に成る——イクストランへの旅』(一九七四年) 以上真崎義博訳、二見書房、名谷一郎訳『未知の次元』(一九七九年) 講談社学術文庫。

2 『呪術の体験——分離したリアリティ』(一九七四年) のまえがきから。

3 Mehan, H. & Wood, H. *The Reality of Ethnomethodology*, Wiley, 1975.

4 Evans-Pritchard, E. E. *Witchcraft, Oracles and Magic Among the Azande*, London, Oxford University Press, 1937.

5　山田富秋「シュッツ科学論の今日的意味」『社会学史研究』第19号、一九九七年も参照。

6　Garfinkel, H., *Studies in Ethnomethodology*, 1967, Prentice-Hall, pp.45-9. 北澤裕・西阪仰訳『日常性の解剖学』マルジュ社、一九八九年、「日常活動の基盤」。

7　Garfinkel, 1967, p.35. 北澤裕・西阪仰訳『日常性の解剖学』マルジュ社、一九八九年、三三頁。

8　麻生武「コミュニケーションの可能性」『発達』三六号、八六―九四頁、一九八八年。また同じ著者の『身ぶりからことばへ』新曜社、一九九二年、参照。

9　エスノメソドロジーに近い社会構築主義者によって書かれた『家族とは何か?』(グブリアム・ホルンスタイン著、中河信俊・湯川純幸・鮎川潤訳、新曜社、一九九七年)参照せよ。また、構築主義的家族療法については、ホワイト、エプストン、小森康永訳『物語としての家族』金剛出版、一九九二年を参照せよ。

10　Garfinkel,1967,p.53 邦訳、一九八九年、五七頁。

11　クロン前掲書、第五章を参照。

12　Garfinkel,1967,p.70.　邦訳、一九八九年、七八―九頁。

13　ガーフィンケル「カラートラブル」山田富秋・好井裕明編著『エスノメソドロジーの想像力』せりか書房、一九九八年。

14　Foucault,M., 'The Subject and Power', in Dreyfus, H. & Rabinow, P., *Michel Foucault: Beyond Structuralism and Hermeneutics*, 1982, Harvester Press, p.220.　山形頼洋他訳『構造主義と解釈学を超えて』筑摩書房、一九九六年。

15　*ibid.* p.221.

16　*ibid.* p.212.

17　この立場については、以下を参照。山田富秋・好井裕明『排除と差別のエスノメソドロジー』新曜社、一九九一年、山田富秋「アイデンティティ管理のエスノメソドロジー」栗原彬編『差別の社会学I　差別の社会理論』弘文堂、一九九六年、好井裕明「螺旋運動としてのエスノメソドロジー」『社会情報』3-2、札幌学院大学社会情報学部、一九九四年、好井裕明『批判的エスノメソドロジーの語り』新曜社、一九九九年。

18 McHoul, A. W., 'The Critical Ethnomethodology', *Theory, Culture and Society*, 11. 1994.

19 要田洋江「『とまどい』と『抗議』」『解放社会学研究I』明石書店、一九八六年＝要田洋江『障害者差別の社会学』岩波書店、一九九九年所収。

20 岡原正幸・石川　准・好井裕明「障害者・介助者・オーディエンス」『解放社会学研究』一号、明石書店、一九八六年。

21 山崎敬一・佐竹保宏・保坂幸正「相互行為場面におけるコミュニケーションと権力――〈車いす使用者〉のエスノメソドロジー的研究」『社会学評論』四四巻一号、一九九三年。

22 好井裕明「『施設に暮らす障害者』というカテゴリー化」『解放社会学研究』十号、日本解放社会学会、一九九六年。

23 山田富秋「一ツ瀬病院のエスノグラフィー」『解放社会学研究』一号、明石書店、一九八六年。

24 山田富秋「精神病院のエスノグラフィー」山田・好井、一九九一年所収。

25 江原由美子・好井裕明・山崎敬一「性差別のエスノメソドロジー」『現代社会学』第一八号、アカデミア出版会、一九八四年。会話分析の紹介としては、好井裕明・山田富秋・西阪仰『会話分析への招待』世界思想社、一九九九年を参照せよ。

26 山崎敬一『美貌の陥穽』ハーベスト社、一九九四年。

27 好井裕明「からかわれ、さらされる『身体』と『論理』」『現代思想』二五巻二号、一九九七年。

28 山田富秋「解放運動に対する『被害者意識』の推論構造――人権意識調査の自由回答項目のテクスト分

析」『解放社会学研究』七号、日本解放社会学会、一九九三年。
29　好井裕明「差別発言のエスノメソドロジー」『解放社会学研究』二号、明石書店、一九八八年。
30　山田富秋「確認・糾弾会のリアリティ」好井裕明「確認・糾弾会のストーリー」亘　明志「確認・糾弾会のダイナミックス」以上『解放社会学研究』二号、明石書店、一九八九年。
31　L. Suchman, 1987, *Plans and Situated Action*, Cambridge University Press. 佐伯胖監訳『計画と状況的行為』産業図書、一九九九年。L. Suchman, 1994, 'Do Categories Have Politics ?', *CSCW.2.*, pp.177-190.
32　Drew, Paul & Heritage, John, 1992, *Talk at Work*, Cambridge University Press.　また、好井裕明・山田富秋・西阪仰編『会話分析への招待』世界思想社、一九九九年、特に第二章「制度的状況の会話分析」を参照。
33　Goodwin, C. 'The Professional Vision', *American Anthropologists*, 1994.
34　この問題については以下を参照。山之内靖、『現代社会のシステム論的位相』岩波書店、一九九六年、畠山弘文「見えざる手としての国家――ネオ・マキャベリ主義社会理論の射程」『明治学院論叢』第五七八号、一九九六年。
35　Arendt, H., 1951, *The Origins of Totalitarianism*, Harcourt Brace. 大久保和郎・大島かおり訳『全体主義の起源』みすず書房、一九八一年。

第五章　差別現象のエスノメソドロジー

1　佐藤裕「『差別する側』の視点からの差別論」『ソシオロゴス』18号、一九九四年。本文での佐藤裕からの引用はすべてこの論文からである。なお彼の三者関係としての差別論は「三者関係としての差別」『解放社会学研究4』明石書店、一九九〇年を見よ。

2　コンストラクティヴズムについては、Kitsuse, J. I. & Spector, M. B., *Constructing Social Problems*, Cummings Pub. 1977. 村上直之・中河伸俊・鮎川潤・森俊太訳『社会問題の構築――ラベリング理論を超えて』マルジュ社、一九九〇年、中河伸俊『社会問題の社会学』世界思想社、一九九九年を参照。

3　同じようにして「ミスコンに反対するような女性」というカテゴリー化の共犯化作用を分析した研究として、山崎敬一『美貌の陥穽』ハーベスト社、一九九四年がある。

4　佐藤裕は、「被差別の現実」に依拠する差別論にたつと、なぜ差別者が差別を告発できるのか、その根拠を提示することが困難になることを指摘する。なぜなら告発する資格を持つのは被差別当事者に限られるからである。そこで「代理告発」ではない、差別者自身の告発の正当性を証明するために、ギリガンの「責任と思いやりの道徳」を援用する。それは、差別者との共犯関係にある「私」という関係性の認識に基づいて、「自らが『共犯者』として差別に関与してしまっている事実を『不当』なことだと感じとり、他者や自分自身に対する『責任』において『告発』する」（一〇五頁）倫理である。彼によればこれは「関係の不当性」を直接問う告発である。しかしながら、彼のこうした操作は、皮肉なことに、最初に差別される側の差別論と差別者の側からの差別論を分離することによって生じたのではないだろうか。佐藤裕、前掲論文、一〇二頁以下を参照。

5　これはエスノメソドロジーのテクスト分析の応用である。詳しくは山田富秋「解放運動に対する『被害者意識』の推論構造――人権意識調査の自由回答項目のテクスト分析」一九九三年、『解放社会学研究7』を参照。一般的にはエスノメソドロジーは、表現や発話が相互行為のコンテクストに埋め込まれている様態を分析することであると受けとられているが、書かれたテクストのエスノメソドロジーも可能であり、すでに多くの研究がなされている。つまり、それはテクストの形式的構造にしたがって、協働で実践されるなかば自動的な読書行為を解剖することである。例えば、スミスの「Kは精神病だ」の論文における学生のレポートの分析がそうである。Smith, D.E., 1978, 'K is mentally ill : the anatomy of a factual account' in *Sociology* 12: 邦訳、スミス「Kは精神病だ」山田・好井・山崎編訳『エスノメソドロジー』せりか書房、一九八七年所収。また、スミスのつぎの著作も参照のこと。1990, *Texts, Facts, and Feminity; Exploring the Relations of Ruling*, Routledge. また正面からテクスト分析を扱ったエスノメソドロジー研究としてはマッコールやシルバーマンのものがある。McHoul, A., 1982, *Telling How Texts Talk*, Routledge, Silverman D. & B.Trode, 1980, *The Material Word*, Routledge.

ここで提示した分析が、自由回答者の「内面」であるとか「主観的に思われたこと」であると理解してはならない。むしろ、結婚差別は当然の行為だと読者に推論させるように〈仕向ける〉推論過程の組織化の仕方が問題なのである。それはある意味では自由回答者の内面とは関係がない。むしろそれは内面があるかのように見せる社会文化的な協動的操作であると言った方がエスノメソドロジー的だろう。

6　現在精力的に行われている被差別部落のライフヒストリー研究をひもとくと、ムラを一歩離れて外の社会にさらされた時に直面する厳しい差別と、差別から一時的に身を守る手段が「身元隠し」であったことが数多く語られている。例えば、反差別国際連帯解放研究所しが編『語りのちから——被差別部落の生活史から』弘文堂、一九九五年参照。

7　安積遊歩『癒しのセクシートリップ』太郎次郎社、一九九三年。

8　樽本英樹「権力現象における共有知識の意義」『ソシオロゴス』18号、一九九四年。

9　Sacks, H., 'Hotrodder: A Revolutionary Category', in Psathas, G.(ed.) *Everyday Language*, Irvington Press, 1979. サックス「ホットロッダー——革命的カテゴリー」山田・好井・山崎編訳『エスノメソドロジー』せりか書房、一九八七年。以下の引用はすべてここからである。

10　桜井厚『生活戦略としての語り——部落からの文化発信』リリアンス・ブックレット7、反差別国際連帯解放研究所しが、一九九八年。

11　ここで佐藤裕が「責任と思いやりの道徳」という概念で苦心して表現しようとした「関係性」自体への告発は、どのように捉え直されるだろうか。差別する側が、差別者に共犯化することを強制されているという認識は、差別する側のカテゴリーに対する忠誠ではなく「裏切り」に通じる。サックスはカテゴリー内部で当該カテゴリーに忠誠を示すことが求められていると同時に、「裏切り」の現象も生じることを指摘している。同じように、差別する側が差別することに一種の「後ろめたさ」を感じる場合も、差別する側に対する裏切りを示す。そしてそれは、ある意味では差別される側の「抗議」をアイデンティティ管理の技術の中に知らずに密輸入してしまったことも示しているのである。するとアイデンティティ管理という技術は一枚岩的な同質性を特徴とするのではなく、さまざまな権力作用が互いに交差する場として考えるのが適当だろう。つまりアイデンティティ管理という政治（ポリティックス）が、実際には行われている。

12　McHoul, A. 'Language and the sociology of mind', *Journal of Pragmatics*, 12, 1988; McHoul, A.W. 1994, 'The critical Ethnomethodology', *Theory, Culture and Society*, 11. マッコールはガーフィンケルが「社会秩序」に強い関心をもっていたために、エスノメソドロジーは意味の確定性の側面へ強く傾斜することになったと論じる。その結果、エスノメソドロジーは記述主義的な傾向に傾き、メンバーと分析者（エスノメソドロジスト）とを分離することになる。これを批判して、彼は意味の不確定性の側面を強調する。この立場は分析言語と日常言語が不可分であることを主張する。つまり道徳的含蓄から自由な記述は存在しないのであり、同時にそれを使う研究者も常識批判の実践に巻き込まれることになる。彼によれば批判的エスノメソドロジーの目的は、こうした意味の両極性の全体を探求することである。またポルナーのラディカル・リフレクシヴィティやインサイダー・ソシオロジーを唱えるスミス(Smith, D.)の議論もこれに通ずる。Pollner, M., 'Left of Ethnomethodology', *A.S.R.* Vol.56, 1991. 批判的エスノメソドロジーについて的確に整理しているものとして、好井裕明のつぎの論文を参照のこと。好井裕明「螺旋運動としてのエスノメソドロジー――〈生きられたフィールドワーク〉のラディカルな方法として」一九九四年『社会情報』第3巻第2号、札幌学院大学社会情報学部紀要。好井裕明『批判的エスノメソドロジーの語り』新曜社、一九九九年。

13　ここでジェユッシがリンチたちを批判して言ったことばを引用するのが適当だろう。「分析者が、状況において手に入る行為や記述の選択肢の分析を行う際のリソースを明示化し、並べていくとき、そして、そういった実践がローカルな状況において政治的にあるいは道徳的に意味のあるものとして構成されるさまざまな方法を詳細に記述するとき、分析者は私たちの文化の中で了解できるような、これらの実践の道徳的意味を明らかにすることに、最低限そして不可避的に巻き込まれているのである。」p.249 .Jayyusi, Lena., 1991, 'Values and moral judgement : communicative praxis as moral order', in Button, Graham (ed.), *Ethnomethoodology and the Human Sciences*, Cambridge U.P.

14　水津嘉克「社会学的分析対象としての『排除』」『ソシオロゴス』16号、一九九二年、参照。

第六章　司法場面における「権力作用」

1　江原由美子『フェミニズムと権力作用』勁草書房、一九八八年より引用。

2　Drew, P.& J. Heritage, *Talk at Work*, Cambridge U.P., 1992, p.22.

3　好井裕明「制度的状況の会話分析」好井裕明・山田富秋・西阪仰編『会話分析への招待』一九九九年、四八―四九頁。

4　L. Suchman, 1987, *Plans and Situated Action*, Cambridge U.P. 佐伯胖監訳『計画と状況的行為』産業図書、一九九九年参照。

5 Atkinson, J.M. & P. Drew, *Order in Court*, Macmillan, 1979

6 山田富秋「会話分析を始めよう」好井他編、前掲書、一九九九年、二一八頁以降参照。

7 Pomerantz, A., 'Agreeing and Disagreeing with Assessments : Some Features of Preferred / Dispreferred Turn Shapes'. In *Structures of Social Action : Studies in Conversational Analysis*. Atkinson, J. M & J. Heritage eds., Cambridge U.P., 1984.

8 Levinson, S. C., *Pragmatics*, Cambridge U.P., 1983.

9 けんかの会話の場合には、互いの発話が言い終わらないうちに非難したり応酬したりする相互行為がよく観察される。それは少しでも応酬が遅れると、非難を受容する選好されない構造を作ってしまい、負けたというニュアンスを伝えるからである。しかしこれと反対に、一度相手に譲歩しておいて、それから反撃にでるというパターンもよく観察される。山田富秋「子どものけんかに見ることばとからだ」山田富秋・好井裕明『排除と差別のエスノメソドロジー』新曜社、一九九一年、参照。

10 樫村志郎『「もめごと」の法社会学』弘文堂、一九九〇年、参照。

11 Cicourel, A.V. *Method and Measurement in Sociology*, Free Press, 1964. 下田直春監訳『社会学の方法と測定』新泉社、一九八四年、参照。

第七章 「妄想」の語られ方——精神医療の言説編成

1 Foucault, M., 1975, *Surveiller et Punir*, Gallimard, 田村俶訳『監獄の誕生』新潮社、一九七七年。

2 Foucault, M., 1976, *La volonté de Savoir*, Editions Gallimard, 渡辺守章訳『知への意志、性の歴史Ⅰ』新潮社、一九八六年。また以下の論文も参照。市野川容孝「安全性の政治」大澤真幸編『社会学のすすめ』筑

摩書房、一九九六年、「ドイツ医療政策史」江原由美子編『生殖技術と自己決定』勁草書房、一九九六年。

3 Suchman vs Winograt ; L.Suchman, 'Do Categories Have Politics ?', *CSCW.2.* 1994, pp.177-190 ; T.Winograd, 'Categories, Disciplines, and Social Coordination', *CSCW.2.* 1994, pp.191-197, Mchoul vs Bogen and Lynch ; McHoul, Language and the sociology of mind', *Journal of Pragmatics*.12. pp.339-86. Bogen & Lynch, 'Social critique and the logic of description', *Journal of Pragmatics*.14. pp.505-21.

4 Lynch, M., 1993, *Scientific Practice and Ordinary Action*, Cambridge U.P.

5 サッチマンについてはすぐに述べるので、マッコールについてだけ触れよう。彼はクルターが『心の社会的構成』(Coulter, J.1 979, *The Social Construction of Mind*, Mcmillan, 西阪仰訳、新曜社、一九九八年)で主張した分析的立場を記述主義的立場として批判する。クルターは実践的推論それ自体を分析対象にすれば、日常世界の道徳的コミットメントから解放された、純粋に分析的レベルに移行できると主張する。マッコールとジャユッシ(Jayyusi, Lena., 1991, 'Values and moral judgement : communicative praxis as moral order' in Button, Graham (ed.), *Ethnomethoodology and the Human Sciences*, Cambridge U.P.)は、このような中立的な分析的レベルはありえないとして、クルターを擁護するリンチたち(Bogen, D. and M., Lynch, 1990, 'Social critique and the logic of description : A response to McHoul.', *Journal of Pragmatics* 14.)を批判した。しかし、マッコールはクルターの会話例の中に社会制度への反抗を読み取っていく点で、抵抗する主体をあまりに安易に読み取っていないだろうか。つまり、読みとるべきは「抵抗する主体」ではなく、その場の参加者を同一のコミュニケーションへと組み込んでいく同質化装置としての権力作用なのである。また私もマッコールとはやや異なった観点から、クルターの「実証主義的」な傾向を批判してきた。詳しくは、「エスノメソドロジーとフーコーを架橋する」『文化と社会』第二号（近刊）と「言語と行動」『社会学研究45号』一九八三年、参照。

6 兼子一「ラディカル・レフレキシヴィティ再考」*Sociology Today* 第6号、一九九五年。

7　山田富秋「エスノメソドロジーの現在」山田富秋・好井裕明編著『エスノメソドロジーの想像力』せりか書房、一九九八年。

8　L. Suchman, 1987, *Plans and Situated Action*, Cambridge U.P.　佐伯胖監訳『計画と状況的行為』産業図書、一九九九年。

9　Jefferson and Lee, 1992. 'The rejection of advice:managing the problematic convergence of a "troubles-telling" and a "service encounter"', in Drew P. & Heritage,J.(eds). *Talk at Work*, Cambridge U.P.

10　Silverman, D., 1997, *Discourses of Counselling*, Sage.

11　一九九七年夏に明治学院大学において開催されたシンポジウム『テクノロジー・政治・相互行為』（文部省科学研究費、山崎敬一代表）において、この論文の草稿の発表に際してLynch,M.と Button,G. からなされた指摘である。

12　Goffman, E., 1961, *Asylums*, Doubleday & Company, 石黒毅訳『アサイラム』誠信書房、一九八四年。

13　この面接は調査者である私も同席した上で、医師と患者に許可をとって録音した。記録を許可していただいたことに、あらためて感謝したい。

14　Suchman, L., *op.cit.* 1987, Chapter 5.

15　向谷地生良「『べてるの家』から学ぶもの——精神障害者の生活拠点づくりの中で」『こころの科学　特別企画　精神障害者の社会参加』67号、日本評論社、一九九六年参照。

16　Chamberlin, J., 1977, *On Our Own : Patient-Controlled Alternatives to the Mental Health System*, McGraw-Hill, ジュディ・チェンバレン『精神病者自らの手で——今までの保健・医療・福祉に代わる試み』中田智恵海監訳、大阪セルフヘルプ支援センター訳、解放出版社、一九九六年。

17　Bergmann, J. 1992, 'Veiled morality : notes on discretion in psychiatry', in Drew P. & Heritage, J. (eds). *Talk at Work*, Cambridge U.P.

18　フーコーとエスノメソドロジーとを架橋しようという試みとして、マッコールとシルバーマンのほか、ミラーもまた同様の試みに取り組んでいる。一九九九年夏のSSSP（アメリカ社会問題学会）での貴重な意見交換も本稿の一部に寄与している。Gale Miller, 'Building Bridges : The Possibility of Analytic Dialogue Between Ethnography, Conversation Analysis and Foucault', in Silverman, D.(ed.) ,1997, *Qualitative Research*, Sage. また、精神医療全般についての批判的検討は、山田富秋「障害学から見た精神障害」石川准・長瀬修編『障害学への招待』明石書店、一九九九年参照。

あとがき

カフカ問題から出発して、常識に強固に呪縛された日常的場面をずらしていくこと、それが会話分析とフーコーをつなぐ線上に表現できれば、本書の目的は達成されたと思う。しかし本書を読み終えられて、常識から解放されたスーパーマンのようなヒーローを待ち望むような気になったら、それはまちがいだと思う。むしろ私は『掟の門』のいなかからきた男に親近感を覚える。なぜなら私も常識にだまされやすい人間の一人だからだ。

私が家族でイタリアのローマに旅行したとき、私は無認可のタクシーにつかまってしまった。旅行ガイドにも注意しろと書いていたので、そんなへまはしないはずだった。ところが、空港で待ちかまえていた人の良さそうなその男は、空港内に開設してある自分たちのオフィスに疑う私を連れて行き、そして、彼らも自分も同じ制服を着ていて、身分証明書らしきものも胸につけていると身振りで示したのだった。私はころりとだまされ、みんなでそのタクシーに乗り込んだとたんに、その男はおもむろにメーターの機械をはずしたのだった。英語で文句を言うと、観光もしてやるんだから堅いこと言うなで、片づけられた。こちらもお金ですむなら、命も惜しいと思い、通常の五倍以上の金額を取られてしまった。それ以来私は「制服」と「証明書」に弱い杓子定規な「公務員」という汚名を背負って生活している。私のこれまでうまく通用した常識によれば、オフィスを構えていて、制服を身につけ、身分証明書を胸につけている人なら信用がおけるはずであった。ところがそれは観光客を欺くための用意周到な舞台装置だったのである。制度的場面は堅牢でこわすことができないように見える。ところがタクシー会社の制度的場面をシュミレートすることで、まんまと客をだますこともできるのだ。

「現実は可変的だ」。私の京都精華大学のゼミ生がよく言っていたことばだ。私が出席と発表回数をもとにゼミの成績を管理していると、この学生は文句を言った。どうしてテキストを深く理解して、先生と対等に議論できる学生と、ただたんにテキストの抜き書きをして、それをレジュメ（要約）だと誤解するような学生とを同じ規準で評価できるのかと。結局先生のやっていることは制度としての教育を形式的に維持しているだけではないかと。この問題は、よくできるがあまりゼミに出席しない学生と、出席はするがテキスト理解もおぼつかない学生とのあいだで、あるトラブルが発生したときに起こった。私は教育機会は誰にでも開かれるべきで、それだけは最低限保証しなければならないと答えた。私のゼミ生はそれはまさに学生から自律性を奪い、ただ支配し管理することになるだけだと反論した。このことについて二三日激論したが、彼に完膚無きまでに論破されてしまった。現在私が生きている現実は確かに制度的場面の一部を構成している。しかしそれは私たちの協働によって維持されている。もし私が判断力喪失者になって、制度に安心して寄りかかっていれば、私はすぐに『掟の門』のいなかものになってしまう。現実は可変的なのだ。

本書の最後の章の草稿は日本社会学会、明治学院大学での国際ワークショップ、そしてアメリカ社会問題学会と三回の発表を経由してできあがったものだ。最初に日本社会学会で発表したとき、その内容は制度的場面は堅牢だということを主張しただけだった。すなわち、精神科の診断場面が制度的状況として成立しているかぎり、そこから退出することも、その現実を変えることも困難だという内容である。私の発表に対してすぐに二三人から質問があった。一人は今回の私の発表はいままでの私らしくないというもので、もう一人は、なぜ現実を変えることができないのかという質問だった。私はもし精神科の診断をたとえば個人的な相談の会話に変えたら、そもそも制度的場面ではなくなってしまうので、変えられないのだと答えた。ところが、そう答えたとたんに、どうしてもしっくりしないものがわだかまっていた。そして二回目の発表において、クルターやバタンから精神科診断は通常の「相談」場面としては成立していないと指摘されたとき、それは確かにそうだが、それで片づけるのはどこかおかしいと思った。私は思考するのがどうやら非常に遅いらしい。この抵抗感はどこから来るのだろうか。それを追求していったとき、私がフィールドワーク中に「相談」と言えるような場面に出くわしたことに突き当たった。そして、それは全国各地で名乗りをあげてきた当事者の声ともダブった。そしてこのわだかまりがうまく表現できるようになったのはつい最近である。こう言ってよければ、精神科診断と私のフィールドでの体験は共約不可能である。そして両者は異なった権力作用によって編成されている。

すなわち、いまここで成り立っている制度的状況の編成を会話分析的になぞるだけでは、そこで成立している社会秩序を再演することにしかならない。それはどこまでもコミュニケーションが可能であるモノローグの世界なのだ。むしろそれと対立するような別な言説編成のあり方をフィールドワークすることによって、当該状況における制度的秩序の「独自性（個性原理）」が浮かび上がるのである。その意味では、当該状況を調べるには当該状況以外を見ることが必要なのだ。そしてこうした外的尺度による対比によって、いまここで起こっている制度的場面を何らかのかたちでズラしながら考えることができるようになる。それはモノローグが支配する状況のなかで、対話の可能性を探ることになる。またそれは自明視された常識を土台とした権力現象を相互行為のシークェンシャルな編成にそってズラしていく実践ともなるだろう。これがコミュニケーションの不可能性から出発するエスノメソドロジーの実践である。

最後に私のエスノメソドロジー研究史とでもいったものを謝辞を含めて紹介したい。私がエスノメソドロジーという聞き慣れないことばに初めてであったのは、東北大学教養部の対馬貞夫先生の社会学の講義の中である。稚拙な質問を携えて先生の研究室を訪ねると、シュッツについて懇切丁寧に説明していただいたのを覚えている。ガーフィンケルが教鞭を執っていたカリフォルニア大学への留学も先生のサジェスチョンである。水先案内人として対馬先生に深く感謝したい。一九七六年の秋学期から一年間私は学部生としてガーフィンケルの講義とシェグロフの会話分析の講義を受講した。日本では一次文献がまだそれほど流通していなかった時代だっただけに、ガーフィンケルの言うことはほとんど理解できず、レポートを提出するたびに徹夜だった。帰国してから東北大学の大学院に進み、船津衛先生に博士課程の指導を受けた。先生の並はずれた寛容さのおかげで、エスノメソドロジーを自由に追求していくことができたことを感謝したい。

当時は現象学やエスノメソドロジーを専攻する研究者が少なく、東京での現象学的社会学研究会の第一回の会合がもたれたとき、全国各地から志を同じくする人々が集まってきたときの興奮した熱気は忘れられない。この全国的な研究ネットワークは現在でも私の貴重な資源の一部になっている。また、山口女子大学（現山口県立大学）に就職してからは、社会学の先輩でもあり、現在の学長でもある岩田啓靖先生に刺激的な議論の環境を与えられたと思う。当時の同僚諸氏とともに先生に感謝したい。またできあがったばかりの解放社会学会の研究仲間には、生活レベルでのセンスまで含めて多くのことを学んだ。そして数多くの研究会で出会ったエスノメソドロジーに関心を持つ若い世代の人々からも多くを教わっている。特に私のゼミに集まった学生たちにはいつも勇気づけられた。まだまだここに記して感謝すべき人は大勢いるのだが、一人一人の名前を挙げることは失礼して、今後の私の研究で答えていきたい。

本書をこれまで読んでこられた読者なら、私が止みがたい理論病者であることがすぐにわかるだろう。私は長い間、そしていまもこの理論病から回復できないでいる。しかし私がある程度そこから回復したとしたら、私が差別問題という現実のフィールドと向き合うようになったからだと思う。そして私を最初にこの世界に導いたのは、もう二十年近く対話の相手をしてもらっている好井裕明氏である。彼に感謝するということばがあまりにもありきたりに思えるほど、多くを負っていると思う。彼に先導されてさまざまな聞き取り調査へ同行するたびに、私もまた強固な常識と偏見に囚われていることが痛いほどわかる体験を積み重ねた。ところが、それは常識に囚われた自分を責める体験ではなく、その反対に、いままで気づかなかったことが、そのつどそのつど明らかになっていく、喜ばしい体験なのだ。そこでは常識的な使い古した物語は通用しない。そのかわりに、山田富秋という固有名をもった人間がやはり固有名をもった相手と出会う、少し緊張するが、実にすがすがしい軽やかな体験なのである。私はいろいろな生活の語りを聞くなかで、机上での「受動的理解」においてエスノメソドロジーを考えていてもむだだということを了解した。そこにはエスノメソドロジーを実践するために最も重要なことが欠けているのだ。それは対話的コミュニケーションである。フィールドワークのなかでは、固有名をもった人々との具体的なやりとりのなかで、予期せぬことが起き、それに答える責任が生まれる。そして相手の行為に応答することによって、予想もしなかった未来が展開するのである。

私はフィールドから帰ってくると、常識に支配された世界がこのような「能動的理解」の世界を知らないことにいつも愕然とした。なぜか現代日本の社会は被差別世界を排除することで、それがあたかも存在しないかのように完結しているのである。そしていつでもどこでも対等なコミュニケーションが可能であるかのような様相を呈している。そこにあるのは累々たる固定化され一般化された常識的ストーリーだ。そして両者を分かつものこそ「権力」である。このことが確信として私のなかに固まってきたとき、フーコーとエスノメソドロジーをつなぐ道筋が見えてきた。それがまだ表現不足ながら本書で展開してきた内容である。

さて、以下に本書の最初の出典を示そう。しかしどの論文も本書の一部として読めるように全面的に書き直してある。

第一章　コミュニケーションの不可能性と権力現象
　書き下ろし
第二章　シュッツの科学批判とエスノメソドロジー
「シュッツ科学論の今日的意味」『社会学史研究』第19号、一九九七年。
第三章　「個性原理」と対話的コミュニケーション
「シュッツ以降――エスノメソドロジーを中心として」鈴木広監修『理論社会学の現在』ミネルヴァ書房、二〇〇〇年。
第四章　批判実践としてのエスノメソドロジー
「クリティークとしてのエスノメソドロジー」『情況　社会学理論の現在』第2期、第9巻1号、一九九七年。
第五章　差別現象のエスノメソドロジー
「アイデンティティ管理のエスノメソドロジー」、栗原彬編『講座差別の社会学一、差別の社会理論』弘文堂、一九九六年。
第六章　司法場面における「権力作用」

「司法場面における『権力作用』」、『社会学研究』第58号、東北社会学研究会、一九九一年。
第七章　「妄想」の語られ方——精神医療の言説編成　書き下ろし

最後に本書の準備にあたって、わかりにくい私の文章に辛抱強くつきあっていただいた、せりか書房編集長の船橋純一郎氏に深く感謝したい。氏とは好井裕明、山崎敬一の二人と一緒にエスノメソドロジーの翻訳を出版していただいたとき以来、お世話になりっぱなしである。この十何年間、さまざまなサジェスチョンをいただいた。氏のおかげで本書が、社会学の読者だけでなく、他の分野の読者にも興味をもてるような構成になったとしたら、望外の喜びである。

山田　富秋

二〇〇〇年五月　京都にて

著者紹介

山田富秋（やまだ　とみあき）

1955年北海道生まれ。1983年東北大学大学院文学研究科博士課程単位取得退学（社会学）。現在、京都精華大学人文学部助教授。専攻は、社会学、エスノメソドロジー、精神障害の社会学。
著書に、『排除と差別のエスノメソドロジー』（共著、新曜社）、『エスノメソドロジーの想像力』（共編著、せりか書房）、『会話分析への招待』（共編著、世界思想社）。訳書に、H．ガーフィンケル他『エスノメソドロジー――社会学的思考の解体』（共編訳、せりか書房）、D．サドナウ『病院でつくられる死――「死」と「死につつあること」の社会学』（共訳、せりか書房）、A．クロン『入門エスノメソドロジー』（共訳、せりか書房）、R．エマーソン他『方法としてのフィールドノート』（共訳、新曜社）がある。

日常性批判――シュッツ・ガーフィンケル・フーコー

2000年6月30日　第1刷発行

著　者　山田富秋
発行者　佐伯　治
発行所　株式会社せりか書房
東京都千代田区猿楽町2-2-5　興新ビル
電話 03-3291-4676　振替 00150-6-143601
印　刷　信毎書籍印刷株式会社

ISBN4-7967-0226-1

索引

あ行
アイデンティティ管理　123,125,127,128,191,195,208
アカウンタビリティ　11,32,82,182
アレント　108
違背実験　27,62,71
インデックス性　164,182
エスノメソドロジー的無関心　70,71,75,77-79
江原由美子　191,196,198
応答責任　10,32

か行
解釈定理　74,76
会話分析　69,78,103,107,131, 34,136,140,141,163,166,180,191,192,196,197,201,204,205
カウンセリング　27,85,90,162,166
科学批判　2,37,70,183,208
樫村志郎　153,197
カスタネダ　85-87,89,90,189
カテゴリー化　26,98,101,123-127,129,165,191,193
兼子一　198
「カラートラブル」　95,190
観察可能　22-25,74
間主観　28,29,38,44-47,53,59,91,92,183,184
協働　13,17,30,36,86,88,89,92,94,95,97,99,100,106,107,123,129,130, 164,193,203
クルター　176,198,203
グッドウィン　107
啓蒙主義　12,34,35
権力現象　2,15,29-31,34,81,96,97,99,105,121,122,125,133,134,158,181,194,204,208
権力作用　1,2,5,13,31,35,36,40,64,95,98,99,100,102,123,125,126,127,128,131,133,134,135,138,159,165,166,168,180,182,195,196, 198,204,208,209
言語ゲーム　32,104
現象学　11,37,38,39,42,48,70-73,76,78,81,82,87,89,183,185,187,205
言説編成　3,13,36,64,131,132,134,161,180,197,204,209
限定された意味領域　42-44,48,55,62
構築的　66,67,73,75,79
個性原理　2,12,65,66,67,70,75,77,79,81,82,187,188,204,208
コミュニケーションの不可能性　2,11,15,18,20,21,181,204,208
コンピタンス　19,59,66,67,78,80-82,89,164,188

さ行
桜井厚　125,183,194
サックス　17,22-26,123-127,129,165,181,194,195
サッチマン　106,163,165,166,172,198
佐藤裕　110,112,114,118,123,128,192-194
差別現象　2,108,109,115,122,123,128,182,192,208
自然言語　19,24,27-29,32,181

支配的文化　32,33,108,127-130, 163, 165
主体化＝従属化　162,164
シルバーマン　34,167,194,199
診断場面　13,107,161,203
実践的推論　94,97,99,101,104,130, 135,198
自明性　21,26,29,30,87,88,89, 96, 100,130
受動的理解　49,53-55,79,207
常識的知識　17,28,92,93
成員　20,25,31,52,56,57,59,60- 62, 88,89,91-94,109,112,127,187
生活世界　38,40,44-47,51-53,56, 73,76,79,185
生―権力　107,162
精神医療　3,13,107,161,164,178, 179,197,200,209
選好による組織化　140,142
専門家　13,64,106,107,131,136, 138,139,154,161,162,164-168, 172

た行

対話　2,10,12,13,21,36-39,51,53, 54,65,77,80-82,105,187,204, 206,207,208
対話的コミュニケーション　2,54, 65,77,81,82,187,207,208
多元的現実　40,42,43,47,52-54,56, 57,83,185,186,189
他者　9-12,14,21,22,24,25, 27,30-32,36-38,44-46, 49,52-54,57, 59,61,65,81,82, 96-98,100,108, 130,133,183,184,193
脱構築　21,36,82,131,132,164
知覚の衝突　96
知識の共有　121-123,128,129
超越論　11,12,37-39,42,43,46,47, 49,53,55,56,78,79,81,83,84,183, 184
適合性の公準　40,46,48,52,63,64, 184
テクスト分析　191,193,194
トラブルズ・トーク　166-168
独我論　11,12,37,42,44,47,49,52, 54, 55,183

な行

内生的リフレクシヴィティ　31, 68,69,76,80,189
ナラティヴ・セラピー　32,182
西阪仰　181,186,190-192,196,198
西原和久　183,184,185
能動的理解　49,53,54,79,83, 189, 207

は行

排除　9,11,13,26,27,29,30-32,69, 80,96,100,101,103,105,107,110,113,118-120,128,130,131,188, 190,196,197,207
浜日出夫　68,71,183,185,187,188
判断力喪失者　19,20,31,32,38,65, 67,90,94,105,164,203
バフチン　10,32
パーソンズ　12,37,40-42,48,66,67, 70-73,75-79, 82,185
被差別者　13,33,110,111,113,114, 120,121,125-128
非対称性　29,106,107,110,111,113, 119-121,136,164-166,172

批判的エスノメソドロジー　99,100,128,130-132,182,191,195,196
批判実践　2,13,33,36-38,64,83,85,189,208
フィールドワーク　1,5,34,36,85,87,102,178,183,185,195,204, 207
フッサール　37,38,66,76,83,84,183
フーコー　13,31,34,35,40,95,97,98,99,104,106,107,125,129,131,134,161,162,164,165,180,182, 184,198,199,201,207
部族的忠誠　57,163
ホワイト　32,33,190
ポスト分析社会学　66-68,70,80, 163
ポルナー　31,67,68,69,76,79,80,82,195

ま行

マッコール　99,163,182,194,195,198,199
メンバー　7,9,11,12,19,21,23,24,26,27,30-33,50,51,52,57,60,66,67,68,78,80-82,88,89,90,92,94,96-99,124,129,130,164,195
モノローグ　21,22,26,27-29,32,52,54,67,83,108,130,187,189,204

や行

山崎敬一　191,193,199,209
好井裕明　136,181-183,187, 188,190-192,195-198,206,209
よそもの　12,49,50-53,62,82,187

ら行

ラディカル・リフレクシヴィティ　32,65,67-69,76,79,80,82,195
リフレクシヴィティ　31,32,65,67-69,76,79,80,82,88,189,195
リンチ　66,67,69,70,79,80,163,168,188,196,198
レリヴァンス・システム　42,44,45,50,54-57,62,186

参考文献

足立重和 1995 「フィールドにおける矛盾する語りの解釈について」，『現代社会理論研究』　第5号，現代社会理論研究会

Arendt, H., 1951 *The Origins of Totalitarianism*. Harcourt Brace. =『全体主義の起源』みすず書房

—— 1958 *The Human Condition*. The University of Chicago Press. =志水速雄訳『人間の条件』中央公論社，1973年

安積遊歩 1993 『癒しのセクシートリップ』太郎次郎社

麻生武 1992 『身ぶりからことばへ』新曜社

Atkinson, J. M. & Drew, P. 1979 *Order in Court*. The Macmillan Press.

—— & J. Heritage (eds.) 1984 *Structures of Social Action: Studies in Conversation Analysis.* Cambridge University Press.

Bergmann, J.R.1992 "Veiled morality : notes on discretion in psychiatry". In: Drew, P. , J. Heritage, eds. *Talk at Work: Interaction in Institutional Settings*. Cambridge University Press: 137-162.

Blum, A. F. 1974 *Theorizing*. Heinemann.

Boden, D. & Zimmerman, D. H. (eds.) 1991 *Talk and Social Structure: Studies in Ethnomethodology and Conversation Analysis*. Polity Press.

Bogen, D., 1995 "Do Winograd and Flores have politics?" *CSCW* 3: 79-83.

—— & Lynch, M. 1990 "Social critique and the logic of description", *Journal of Pragmatics*.14.pp.505-21.

Button, G. (ed.) 1991 *Ethnomethodology and the Human Science*. Cambridge University Press.

—— & Lee, J. R. E. (eds.) 1987 *Talk and Social Organization*. Multilingual Matters.

Castaneda, C. 1968 *Teachings of Don Juan*. University of California Press. =真崎義博訳『呪術師と私——ドン・ファンの教え』二見書房，1974年

—— 1971 *Separate Reality*. Doubleday. =真崎義博訳『呪術の体験——分離したリアリティ』二見書房，1974年

—— 1972 *Journey to Ixtlan*. Doubleday. ＝真崎義博訳『呪師に成る——イクストランへの旅』二見書房，1974年
—— 1976 *Tales of Power*. Doubleday. ＝名谷一郎訳『未知の次元』講談社，1979年
Clark, K. & Holquist, M. 1984 *Mikhail Bakhtin*. Harvard University Press. ＝川端香男里・鈴木晶訳『ミハイール・バフチーンの世界』せりか書房，1990年
Chamberlin, J. 1977 *On Our Own: Patient-Controlled Alternatives to the Mental Health System*. McGraw-Hill＝中田智恵海監訳，大阪セルフヘルプ支援センター訳『精神病者自らの手で——今までの保健・医療・福祉に代わる試み』解放出版社，1996年
Cicourel, A. V. 1964 *Method and Measurement in Sociology*. Free Press.＝下田直春監訳『社会学の方法と測定』新泉社，1984年
Clayman, S. E. 1988 “Displaying neutrality in television news interviews” *Social Problems*, 35(4), pp.474-492.
Clifford, J. & Marcus, G. E. 1986 *Writing Culture: the Poetics and Politics of Ethnography*. University of California Press.＝春日直樹・足羽与志子他訳『文化を書く』紀伊国屋書店，1996年
Coulon, A. 1987 *L'Ethnomethodologie*. Presses Universitaires de France.＝山田富秋・水川喜文訳『入門エスノメソドロジー』せりか書房，1996年
Coulter, J. 1979a *The Social Construction of Mind: Studies in Ethnomethodology and Linguistic Philosophy*. Macmillan Press.＝西阪仰訳『心の社会的構成』新曜社，1998年
—— 1989 *Mind in Action*. Polity Press.
—— (ed.) 1990 *Ethnomethodological Sociology*. Edward Elgar.
van Dijk, T.A.(ed.) 1985 *Handbook of Discourse Analysis*, Vol.3. Academic Press.
Drew, P. & Heritage, J.(eds.) 1992 *Talk at Work: Interaction in Institutional Settings*. Cambridge University Press.
江原由美子 1988 『フェミニズムと権力作用』勁草書房
—— 1995 『装置としての性支配』勁草書房

――・好井裕明・山崎敬一，1984「性差別のエスノメソドロジー――対面的コミュニケーション状況における権力装置」『現代社会学』１８，アカデミア出版会，→れいのるず・秋葉かつえ編 (1993) 。また塩原勉・井上俊・厚東洋輔編 (1997) に抄再録。
――・山岸健編 1985b『現象学的社会学』三和書房
Emerson, R. M., Fretz, R. I. & Shaw, L. L. 1995 *Writing Ethnographic Fieldnotes*. The University of Chicago Press. ＝佐藤郁哉・好井裕明・山田富秋訳『方法としてのフィールドノート』新曜社，1998年
Flynn, P. J. 1991 *The Ethnomethodological Movement: Sociosemiotic Interpretation*. Mouton de Gruyter.
Foucault, M. 1975 *Surveiller et Punir: Naissance de la prison*. Gallimard.＝田村俶訳『監獄の誕生』新潮社，1977年
―― 1976 *La volonté de Savoir*, Editions Gallimard.＝渡辺守章訳『知への意志，性の歴史Ⅰ』新潮社，1986年
―― 1982 "The subject and power", in Dreyfus & Rabinow, *Beyond Structurism and Hermeneutics*, Harvester Press.＝山形頼洋他訳『構造主義と解釈学を超えて』筑摩書房，1996年
船津 衛・宝月 誠編 1995 『シンボリック相互作用論の世界』恒星社厚生閣
Garfinkel, H. 1940 "Color Trouble" *Opportunity*.→ Moon, B.(ed.) 1946 *Primer for White Folks*. Doubleday, pp.269-286→秋吉美都訳「カラートラブル」in 山田・好井編，1997年
―― 1952 *The Perception of the Other*. Unpublished Ph. D. Dissertation Harvard University.
―― 1967 *Studies in Ethnomethodology*. Prentice-Hall.→ 1984 Polity Press.
―― (ed.) 1986 *Ethnomethodological Studies of Work*. RKP.
―― 1991 "Respecification: evidence for locally produced, naturally accountable phenomenon of order*, logic, reason, meaning, method, etc. in and as of the essential haecceity of immortal ordinary society, (Ⅰ)-an announcement of studies." in Button, G.(ed.), pp.10-19.
―― 1996 "An Overview of Ethnomethodology's Program" *Social*

Psychology Quarterly 59(1) pp.5-21.

—— & Sacks, H. 1970 "On Formal Structures of Practical Actions" in McKinney, J. C. & Tiryakian, E. A.(eds.) pp.337-366.

—— & Wieder, L. A. 1992 "Two Incommensurable, Asymmetrically Alternate Technologies of Social Analysis." Watson, G. & Seilor, R. M.(eds.), pp.175-206.

Giddens, A. 1976 *New Rules of Sociological Method: A Positive Critique of Interpretative Sociologies*. Hutchinson.＝松尾精文・藤井達也・小幡正敏訳『社会学の新しい方法基準——理解社会学の共感的批判』而立書房，1987年

Goffman, E. 1961a *Asylums: Essays on the Social Situation of Mental Patients and Other Inmates*. Doubleday & Company.＝石黒毅訳『アサイラム——施設被収容者の日常世界』誠信書房，1984年

—— 1983 "The interaction order" *American Sociological Review*, 48 pp.1-17.

Goodwin, C. 1994 "Professional Vision" *American Anthropologist 96*, pp.606-633.

Grathoff. R.(ed.) 1978 *The Theory of Social Action*, Indiana U.P.＝佐藤嘉一訳『シュッツ - パーソンズ往復書簡　社会理論の構成』木鐸社，1980年

Gubrium, J. F. & Silverman, D.(eds.) 1989 *The Politics of Field Research: Sociology beyond Enlightenment*. Sage.

—— & Holstein, J. A. 1990 *What is Family?* Mayfield Publishing Company.＝中河伸俊・湯川純幸・鮎川潤訳『家族とは何か——その言説と現実』新曜社

浜日出夫 1992「現象学的社会学からエスノメソドロジーへ」好井編

—— 1995「エスノメソドロジーと『羅生門』問題」『社会学ジャーナル』第20号，筑波大学社会学研究室

—— 1998「エスノメソドロジーの原風景——ガーフィンケルの短編小説『カラートラブル』」山田・好井編

—— 1999「シュッツ科学論とエスノメソドロジー」『文化と社会』創刊号，マルジュ社

反差別国際連帯解放研究所しが編　1995　『語りのちから——被差別部落の生活史から』弘文堂
Heritage, J. 1984 *Garfinkel and Ethnomethodology*. Polity Press.
—— 1985 "Analyzing news interviews: aspects of the production of talk for an overhearing audience" in van Dijk, T. A.(ed.), pp.95-117.
Hester, S. & Eglin, P.(eds.) 1997 *Culture in Action: Studies in Membership Categorization Analysis*. University Press of America.
Holstein, J. A. 1993a *Court-Ordered Insanity: Interpretive Practice and involuntary Commitment.* Aldine de Gruyter.
宝月　誠　1980『暴力の社会学』世界思想社
市野川容孝 1996a 「安全性の政治」大澤真幸編『社会学のすすめ』筑摩書房
—— 1996b　「ドイツ医療政策史」江原由美子編『生殖技術とジェンダー』勁草書房
石井幸夫 1997「コミュニケーションのリアリティ——ガーフィンケルの観察」『社会学評論』188
——　1998「エスノメソドロジカル・ターン——シュッツ，デリダ，ガーフィンケル」，『情況　社会学理論の現在』第２期，第９巻１号
石川　准　1992 『アイデンティティ・ゲーム——存在証明の社会学』新評論
——・長瀬修編 1999 『障害学への招待』明石書店
Jayyusi, L. 1984 *Categorization and the Moral Order.* RKP.
—— 1991 "Values and moral judgement: communicative praxis as moral order" in Button, G.(ed.), pp.227-251.
Jefferson, G. 1972 "Side sequences" in Sudnow, D. (ed.), pp.294-338.
兼子　一　1994 「いま，『権力』をどのように分析するか？」『人文論叢』第23巻，大阪市立大学大学院文学研究科
—— 1995 「ラディカル・リフレクシビティ再考—— reflexivity を radical かつ referential にするとはどういうことか」『Sociology Today』第６号
樫田美雄　1991b 「アグネス論文における〈非ゲーム的パッシング〉

の意味――エスノメソドロジーの現象理解についての若干の考察」『年報筑波社会学』第３号
―― 1994「達成されるものとしての権力――権力現象を探求するためのノート」『社会学ジャーナル』第19号
樫村志郎 1989『「もめごと」の法社会学』弘文堂→新装版(1997)
―― 1992「法律的探求の社会組織」好井裕明編
―― 1997「視線と法廷」山崎敬一・西阪仰編『語る身体・見る身体』ハーベスト社
―― 1998「法社会学とエスノメソドロジー」山田富秋・好井裕明編『エスノメソドロジーの想像力』せりか書房
春日キスヨ 1989『父子家庭を生きる』勁草書房
―― 1999『介護とジェンダー』家族社
片桐雅隆編 1993『シュッツの社会学』いなほ書房
―― 1996『プライバシーの社会学』世界思想社
加藤春恵子 1978「社会的相互作用への現象学的接近――ガーフィンケルのエスノメソドロジーをめぐって」『社会学評論』第29巻2号(114)
―― 1987「女性解放運動のエスノメソドロジー――コミュニケーションとしての社会運動」栗原彬・庄司興吉編『社会運動と文化形成』東京大学出版会
風間孝・キース・ヴィンセント・河口和也編 1998『実践するセクシュアリティ――同性愛/異性愛の政治学』動くゲイとレズビアンの会
北澤　裕 1989「現実社会の構成とエスノメソドロジー――主体性への回帰を求めて」『社会学評論』第40巻1号
――・西阪仰編訳　1989　『日常性の解剖学――知と会話』マルジュ社
Kitsuse, J. I. & Specter, M. 1977 *Constructing Social Problems.* Cumming Publishing Company.＝村上直之・中河伸俊・鮎川潤・森俊太訳『社会問題の構築――ラベリング理論をこえて』マルジュ社，1990年
栗原　彬編　1996　『差別の社会理論』（講座　差別の社会学１），

弘文堂
草柳千早 1998 「『夫婦別姓』をめぐる言説と現実――反対論の方法から見る」山田・好井編
串田秀也 1997a 「ユニゾンにおける伝達と交感――会話における『著作権』の記述をめざして」in谷編
―― 1997b 「会話のトピックはいかにつくられていくか？」in谷編
小林多寿子 1995 「インタビューからライフヒストリーへ――語られた『人生』と構成された『人生』」中野・桜井編
―― 1997 『物語られる「人生」――自分史を書くということ』学陽書房
京都大学文学部社会学研究室 1990 『高度医療と社会関係』社会人間学研究報告 1
Levinson, S. C. 1983 *Pragmatics*. Cambridge University Press.＝安井稔・奥田夏子訳『英語語用論』研究社，1990年
Lynch, M., 1991 "Method: measurement ordinary and scientific measurement as ethnomethodological phenomena". In: G. Button, ed. *Ethnomethodology and the Human Sciences.* Cambridge: Cambridge University Press: 77-108.
―― 1993 *Scientific Practice and Ordinary Action: Ethnomethodology and Social Studies of Science.* New York: Cambridge University Press
Maynard, D. W. (ed.) 1987 *Language and Social Interaction. Special Issue of Social Psychology Quarterly 50*
―― 1991a "The perspective-display series and the delivery and receipt of diagnostic news" in Boden, D. & Zimmerman, D. H.(eds.), pp.164-192.
―― & Clayman, S. E. 1991b "The Diversity of Ethnomethodology" *Annual Review of Sociology*, 17, pp.385-418.
Marcus, G. E. & Fischer, M. M. J. 1986 *Anthropology as Cultural Critique: An Experimental Movement in the Human Science.* The University of Chicago Press.＝永渕康之訳『文化批判としての人類学――人間科学における実験的試み』紀伊国屋書店，1989年
McHoul, A. W. 1982 *Telling How Texts Talk: Essays on Reading and Ethnomethodology.* RKP.

—— 1988 "Language and the sociology of mind", *Journal of Pragmatics, 12,* pp.339-386.
—— 1994 "Towards a critical ethnomethodology" *Theory, Culture & Society, 11*, pp.105-126.
—— 1997 *Semiotic Investigations,* University of Nebraska Press, 1997
McHugh, P. , Raffel, S., Foss, D. C. & Blum, A. F. 1974 *On the Beginning of Social Inquiry.* RKP.
向谷地生良 1996 「『べてるの家』から学ぶもの——精神障害者の生活拠点づくりの中で」『こころの科学 特別企画 精神障害者の社会参加』67号，日本評論社
Mehan, H. 1979 *Learning Lessons: Social Organization in the Classroom.* Harvard University Press.
—— & H. Wood 1975 *The Reality of Ethnomethodology*. John Wiley & Sons.
Miller, G. 1997 "Building bridges: the possibility of analytic dialogue between ethnography, conversation analysis and Foucault", in Silverman, D.(ed.) ,1997
—— 1997 *Becoming Miracle Workers : Language and Meaning in Brief Therapy*, Aldine de Gruyter
Miller, G. and D. Silverman, 1995 "Troubles talk and counseling discourse: a comparative study", *Sociological Quarterly,* 36:37-59.
皆川満寿美 1992 「エスノメソドロジーとマテリアリズムのあいだ——フェミニストD・スミスの場合」『現代社会理論研究』第２号
—— 1997 「障害としての文化」，『武蔵大学人文学会雑誌』第29巻1号
南博文 1996 「エスノメソドロジー——自明な世界の解剖学」浜田寿美男編『別冊発達20：発達の理論——明日への系譜』ミネルヴァ書房
水川喜文 1994a 「定式化作業と実践的行為——精神科面接における会話を事例として」，『年報社会学論集』第7号，関東社会学会
—— 1994b 「秩序と実践に関する一考察——レーベンスヴェルト・ペアの発想をもとに」，『現代社会理論研究』第5号，現代社会理論研究会

—— 1995 「合理主義・工学的発想・協同作業——ウィノグラードらの認知科学的アプローチとガーフィンケルの接点」,『社会学論考』第16号, 東京都立大学大学院社会学研究会
—— 1996 「プラグマティズムと現象学の末裔——エスノメソドロジー的思考の源泉に関する試論」,『年報社会学論集』第9号, 関東社会学会
Moreman, M. 1988 *Talking Culture: Ethnography and Conversation Analysis*. University of Pennsylvania Press.
---- 1992 "Life after conversation analysis: an ethnographer's autobiography" in Watson, G. & Seilor, R. M.(eds.), pp.20-34.
森元孝,『アルフレート・シュッツのウィーン——社会科学の自由主義的転換の構想とその時代』新評論, 1995
茂呂雄二 1997 「言語実践の具体性」, 山崎・西阪編
—— 編 1997 『対話と知——談話の認知科学入門』新曜社
無藤隆 1997 『協同するからだとことば』金子書房
中河伸俊 1999 『社会問題の社会学』世界思想社
中村文哉 1994 「『偽装的作為』としての差別行為——『否定』をめぐる差別の意味構造とその意味構成」,『人権教育研究』第2巻1号, 花園大学人権教育研究室
—— 1997 「社会的行為とレリヴァンス」西原他編
中野 卓・桜井 厚編 1995 『ライフヒストリーの社会学』弘文堂
那須壽 1997 『現象学的社会学への道』恒星社厚生閣
西原和久編著 1991 『現象学的社会学の展開』青土社, 1991年
—— 1998 『意味の社会学——現象学的社会学の冒険』弘文堂
——・張江洋直・井出裕久・佐野正彦編著 1998 『現象学的社会学は何を問うのか』勁草書房
西阪 仰 1990 「心理療法の社会秩序Ⅰ——セラピーはいかにしてセラピーに作りあげられていくか」『明治学院大学社会学部付属研究所年報』第20号
—— 1991 「独り言と『ながら言』——心理療法の社会秩序Ⅱ」『明治学院論叢 社会学・社会福祉学研究』第85号
—— 1992 「参与フレームの身体的組織化」『社会学評論』第43巻1号

―― 1996 「差別の語法――『問題』の相互行為的達成」in栗原編
―― 1997a 『相互行為分析という視点――文化と心の社会学的記述』金子書房
―― 1997b 「語る身体・見る身体」in山崎・西阪編
―― 1998 「概念分析とエスノメソドロジー」in山田・好井編
野口裕二 1996 『アルコホリズムの社会学』日本評論社
岡田光弘 1994 「社会構成主義の現在――社会問題のエスノメソドロジー的理解をめざして」『年報筑波社会学』第５号
―― 1995 「エスノ・ソシオロジーの誘惑」『年報筑波社会学』第７号
―― 1996 「『制度』を研究するということ――インタビューと119番通話の終了部の会話分析」『現代社会理論研究』第６号
岡原正幸・石川准・好井裕明 1986 「障害者・介助者・オーディエンス――障害者の自立生活が抱える諸問題――」『解放社会学研究』第１号，日本解放社会学会
――・山田昌弘・安川一・石川准 1997 『感情の社会学』世界思想社
O'Neill, J. 1972 *Sociology as a Skin Trade: Essays towards a Reflexive Sociology*. Heinemann.＝須田朗他訳『言語・身体・社会』新曜社，1984年
―― 1985 *Five Bodies: The Human Shape of Modern Society*. Cornell University Press.＝須田朗訳『語りあう身体』紀伊国屋書店，1992年
大村英昭・宝月誠 1979 『逸脱の社会学――烙印の構図とアノミー』新曜社
太田好信 1998 『トランスポジションの思想――文化人類学の再想像』世界思想社
Perakyla A., 1997 "Reliability and validity in research based on transcripts". In: D. Silverman, ed.: 201-20.
―― & D. Silverman, 1991a "Reinterpreting speech-exchange systems: communication formats in aids counselling", *Sociology 25*: 627-51.
Plummer, K. 1995 *Telling Sexual Stories: Power, Change and Social Worlds*. Routledge.＝桜井厚・好井裕明・小林多寿子訳『セクシュアル・ストーリーの時代――語りのポリティクス』新曜社，1998年

Pollner, M. 1975 "'The very coinage of your brain': the anatomy of reality disjunctures." *Philosophy of the Social Science, 5,* pp.411- 430＝山田・好井・山崎訳「お前の心の迷いです――リアリティ分離のアナトミー」山田・好井・山崎編訳，1987年

―― 1987 *Mundane Reason: Reality in Everyday and Sociological Discourse.* Cambridge University Press.

―― 1991 "Left of ethnomethodology: the rise and decline of radical reflexivity." *American Sociological Review, 56*, pp.370-380.

Pomerantz, A. 1978 "Compliment responses: note on the co-operation of multiple constraints" in Schenkein, J.(ed.) .79-112.

―― 1980 "Telling my side: 'limited access' as a 'fishing' device" *Sociological Inquiry, 49/50*, pp.186-198.

―― 1984 "Agreeing and disagreeing with assessments: some features of preferred / dispreferred turn shapes". In Atkinson, J.M & J. Heritage eds.1984, Cambridge U.P.

Psathas, G. 1989 *Phenomenology and Sociology: Theory and Research.* University Press of America.

―― 1995 *Conversation Analysis: The Study of Talk-in-Interaction.* Sage.＝北澤裕・小松栄一訳『会話分析の手法』マルジュ社，1998年

―― (ed.) 1979 *Everyday Language: Studies in Ethnomethodology.* Irvington Press.

―― (ed.) 1990 *Interaction Competence.* University Press of America.

Sacks,. H. 1979 "Hotrodder: a revolutionary category" in Psathas, G.(ed.), pp.7-14 ＝「ホットロッダー――革命的カテゴリー」ハロルド・ガーフィンケル他（山田富秋・好井裕明・山崎敬一訳）『エスノメソドロジー――社会学的思考の解体』せりか書房，1987年

―― 1980 "Button button who's got the button" *Sociological Inquiry 50(3/4)*, pp.318-327.

―― 1992 *Lectures on Conversation. vol.1 & vol.2* Blackwell.

――, Schegloff, E. A. & Jefferson, G. 1974 "A simplest systematics for the organization of turn-taking for conversation" *Language 50(4)*,

pp.696-735.→Schenkein, J.(ed.) 1978, pp.7-55.
桜井　厚　1992「会話における語りの位相——会話分析からライフヒストリーへ」好井編
—— 1996「戦略としての生活——被差別部落のライフヒストリーから」栗原彬編『日本社会の差別構造』(講座　差別の社会学２),弘文堂
——・中川ユリ子・山本哲司　1995『生のかたち——被差別部落の生活史を訪ねて』反差別国際連帯解放研究所しが
—— 1998　『生活戦略としての語り——部落からの文化発信』反差別国際連帯解放研究所しが
佐竹保宏　1993　「相互作用秩序の分析可能性——『フレーム』と『エスノ・メソッド』」,『現代社会理論研究』3, 現代社会理論研究会
佐藤郁哉　1992『フィールドワーク——書を持って街へ出よう』新曜社
—— 1999『現代演劇のフィールドワーク』東京大学出版会
佐藤嘉一　1994「A. シュッツにおける『他者理解の問題』」,『立命館産業社会論集』82, 立命館産業社会論集学会
佐藤慶幸　1998『デュルケムとウェーバーの現在』早稲田大学出版部
——・那須壽編　1993　『危機と再生の社会理論』マルジュ社
佐藤　裕　1990「三者関係としての差別」『解放社会学研究』第４号,日本解放社会学会
—— 1994「『差別する側』の視点からの差別論」『ソシオロゴス』18,東京大学大学院『ソシオロゴス』編集委員会
Schegloff, E. A. 1989 "Harvey Scaks-Lectures 1964-65: an introduction memoir" *Human Studies: Special Issues 12(3/4)*, pp.185-209.
—— & Sacks, H. 1973 "Opening up closing" Semiotica 7, pp.289-327.＝北澤裕・西阪仰訳「会話はどのように終了されるか」北澤裕・西阪仰訳『日常性の解剖学——知と会話』マルジュ社, 1989年
Schenkein, J. (ed.) 1978 *Studies in the Organization of Conversational Interaction*. Academic Press.
Schutz, A. 1962 *Collected Papers Ⅰ*: The Problem of Social Reality.

Martinus Nijhoff.＝渡部光・那須壽・西原和久訳『社会的現実の問題[１]――アルフレッド・シュッツ著作集第１巻』マルジュ社，1983年，同訳『社会的現実の問題［２］――アルフレッド・シュッツ著作集第２巻』マルジュ社，1985年
―― 1964 *Collected Papers II: Studies in Social Theory*. Martinus Nijhoff.＝中野卓・桜井厚訳『現象学的社会学の応用』（著作集後半の応用理論部分の訳）御茶の水書房，1980年。渡部光・那須壽・西原和久訳『社会理論の研究――アルフレッド・シュッツ著作集第３巻』マルジュ社，1991年
―― (Zaner, R. M.(ed.)) 1970 *Reflections on the Problem of Relevance*. Yale University Press.＝那須壽・浜日出夫・今井千恵・入江正勝訳『生活世界の構成――レリヴァンスの現象学』マルジュ社，1996年
清矢良崇 1994a 『人間形成のエスノメソドロジー』東洋館出版社
―― 1994b 「社会化・言説・文化――H.サックスの視点を中心にして」『教育社会学研究』第54号
Sharrock, W. W. & Anderson, B. 1986 *The Ethnomethodologists*. Ellis Horwood.
椎野信雄 1994 「エスノメソドロジー研究の方針と方法について――ラディカルな秩序*現象の再特定化」『社会学評論』第45巻2号
―― 1997 「現象学的社会学とエスノメソドロジー――プロトエスノメソドロジーを越えて」『情況』9(1/2)
下田直春 1981 『社会学的思考の基礎』新泉社
Silverman, D.(ed) 1997a *Qualitative Research: Theory, Method and Practice*, Sage Publications
―― 1997b *Discourses of Counseling : HIV Counseling as Social Interaction.* Sage.
―― & Torode, B. 1980 *The Material Word*. RKP.
Smith, D. E. 1978 "K is mentally ill: the anatomy of a factual account" Sociology, 12, pp.23-53.＝山田・好井・山崎訳「Ｋは精神病だ――事実報告のアナトミー」山田・好井・山崎編訳
―― 1987 *The Everyday World as Problematic: A Feminist Sociology*.

Northeastern University Press.
—— 1990a *Texts, Facts, and Femininity: Exploring the Relations of Ruling*. Routledge.
—— 1990b *The Conceptual Practices of Power: A Feminist Sociology of Kowledge*. Northeastern University Press.
Suchman, L., 1987 *Plans and Situated Actions,* Cambridge University Press ＝佐伯胖監訳,『計画と状況的行為』産業図書, 1999年
—— 1994 "Do categories have politics ?: The language / action perspective reconsidered," *CSCW* 2: 177-190.
水津嘉克 1992「社会学的分析対象としての『排除』——『構築主義』的視点の可能性」,『ソシオロゴス』16, ソシオロゴス編集委員会
—— 1996「社会的相互作用における排除」,『社会学評論』第47巻3号
Sudnow, D. 1967 *Passing On: The Social Organization of Dying*. Prentice-Hall.＝岩田啓靖・志村哲郎・山田富秋訳『病院でつくられる死——「死」と「死につつあること」の社会学』せりか書房, 1992年
—— (ed.) 1972 *Studies in Social Interaction.* The Free Press.
—— 1978 *Ways of the Hand: the Organization of Improvised Conduct.* Harvard University Press.＝徳丸吉彦・村田公一・卜田隆嗣訳『鍵盤を駆ける手——社会学者による現象学的ジャズ・ピアノ入門』新曜社, 1993年
菅原和孝 1998a『語る身体の民族誌——ブッシュマンの生活世界（Ⅰ）』京都大学学術出版会
—— 1998b『会話の人類学——ブッシュマンの生活世界（Ⅱ）』京都大学学術出版会
平 英美 1993「会話分析とGoffman（Ⅰ）」『大阪教育大学紀要』Ⅱ-41(2)
—— 1994「クレイムメイクされる Interruptions ——会話と社会構造序説」『大阪教育大学紀要』Ⅱ-42(2)
高橋 徹 1987『現代アメリカ知識人論——文化社会学のために』新泉社
高山啓子 1995「メディアにおける日常的知識の使用——カテゴリー化の実践」, 宮島喬編『文化の社会学』有信堂

—— 1996 「緊急事態の確定作業——119番通報における要請と訴えの組織化」,『現代社会理論研究』6, 現代社会理論研究会
谷 富夫編 1996 『ライフ・ヒストリーを学ぶ人のために』世界思想社
谷 泰編 1997 『コミュニケーションの自然誌』新曜社
Tannen, D. (ed.) 1993 *Gender and Conversational Interaction.* Oxford University Press.
樽本英樹 1994 「権力現象における共有知識の意義」『ソシオロゴス』No.18
Ten Have, P. & Psathas, G.(eds.) 1995 *Situated Order: Studies in the Social Organization of Talk and Embodied Activities.* University Press of America.
Turner, R.(ed.) 1974 *Ethnomethodology.* Penguin.
上野直樹 1996 「連載 状況認知とギブソン」,『言語』25-1-6, 大修館書店
—— 1997 「協同的な活動の組織化——行為, 道具, 会話の相互的構成」, 山崎・西阪編
—— 1999 『仕事の中での学習——状況論的アプローチ』東京大学出版会
上谷香陽 1994 「『番組らしさ』はいかに生みだされるのか——ニュースショウのトーク分析」,『年報社会学論集』7, 関東社会学会
—— 1996「ドロシー・スミスにおける『アクティヴなテクスト』について——『客観化された知識』に関する一考察」,『現代社会理論研究』第6号
浦野茂 1996 「119番通報における『疾病者』の社会的構成」,『現代社会理論研究』第6号
—— 1998 「『口承の伝統』の分析可能性」『社会学評論』第49巻1号
Vaitkus, S. 1991 *How is Society Possible ? : Intersubjectivity and the Fiduciary Attitude as Problem of the Social Group in Mead, Gurwitsch and Schutz*, Kulwer Academic Publishers.＝西原和久他訳『「間主観性」の社会学』マルジュ社, 1996年
Wagner, H. R.(ed.) 1970 *Alfred Schutz: On Phenomenology and Social Relations.* The University of Chicago Press.＝森川眞規雄・浜日出夫

訳『現象学的社会学』紀伊国屋書店，1980年
—— 1983 *Alfred Schutz; an Intellectual Biography*, The University of Chicago Press
Watson, G. & Seiler, R. M.(eds.) 1992 *Text in Context: Contributions to Ethnomethodology*. Sage.
White, M. 1995 *Re-Authoring Lives: Intervies & Essays*, 1995, Dulwich Centre Publications.
—— and Epston, D. 1990 *Narrative Means to Therapeutic Ends*, WW. Norton & Company. ＝小森康永訳『物語としての家族』金剛出版，1992年
Wittgenstein, L., 1953 *Philosophische Untersuchungen* , Basil-Blackwell.＝藤本隆志訳『ウィトゲンシュタイン全集８　哲学探究』大修館書店，1976年
山田富秋 1980 「解釈的パラダイム再考」『社会学年報』８，東北社会学会
—— 1981 「エスノメソドロジーの論理枠組と会話分析」『社会学評論』125
—— 1982a 「言語活動と文化的相対性——エスノメソドロジーの自然言語をめぐって」『社会学研究』42･43，東北社会学研究会
—— 1982b 「常識的カテゴリーの優位性——ガーフィンケルのシュッツ解釈」『社会学研究』44，東北社会学研究会
—— 1983a 「言語と行動」『社会学研究』45，東北社会学研究会
—— 1983b “On the Status of Ethnomethodological Knowledge” 『山口女子大学研究報告』第9号
—— 1984 「知識論としてのエスノメソドロジー」『社会学研究』47，東北社会学研究会
—— 1985 「子どもの会話と子どもの世界——会話分析からのアプローチ」『山口女子大学研究報告』第11号
—— 1986a 「『一ツ瀬病院』のエスノグラフィー」『解放社会学研究』第１号，日本解放社会学会
---- 1986b 「博物誌としてのエスノメソドロジー」『現代思想』Vol.14-13

——・好井裕明・山崎敬一編訳　1987a　『エスノメソドロジー——社会学的思考の解体』せりか書房，（ガーフィンケル，サックス，ポルナー，ドロシー・スミス，ヴィーダー等，初期エスノメソドロジーの経験的研究を訳出）
—— 1987b 「生活世界とコミュニケーション」　鈴木廣編『現代社会を解読する』ミネルヴァ書房
---- 1988a 「言語とコミュニケーション」永田良昭・船津衛編著『社会心理学の展開』北樹出版
—— 1988b 「言語行為と言語ゲーム」永田良昭・船津衛編著『社会心理学の展開』北樹出版
—— 1989 「確認・糾弾会のリアリティ——傍観者的コミュニケーション・スタイルvs.〈いま—ここ〉でのコミュニケーション・スタイル」『解放社会学研究』第3号，日本解放社会学会
—— 1990 「市民社会をめぐるディスコースの陥穽——現代社会の差別を拡大・維持する『装置』の解読」『解放社会学研究』第4号，日本解放社会学会
——・好井裕明 1991 『排除と差別のエスノメソドロジー』新曜社
—— 1992a 「司法場面における『権力作用』——マクロとミクロを結ぶ論理」『社会学研究』58号，東北社会学研究会
—— 1992b 「精神医療批判のエスノメソドロジー」好井編著
—— 1992c 「コミュニケーションの病理」船津衛編『現代社会論の展開』北樹出版
—— 1992d 「差別問題」船津衛編『現代社会論の展開』北樹出版
—— 1993a 「テレビニュースの会話分析——キャスターによるトピック・コントロール」『微視的権力状況における会話分析——平成2-4年度文部省科学研究費（総合研究A研究代表者：江原由美子）研究成果報告書』
—— 1993b 「『おせじ』のプロトコル分析——エスノメソドロジーからのアプローチ」海保博之・原田悦子編『プロトコル分析入門』新曜社
—— 1993c 「ガーフィンケル」船津衛・山岸健編著『社会学史の展開』北樹出版

—— 1993d 「エスノメソドロジーとアメリカ西海岸」船津衛・山岸健編著『社会学史の展開』北樹出版
—— 1993e 「地域に生きる女性たちと部落解放運動」共同研究：桜井厚・要田洋江・志村哲郎・好井裕明・山田富秋「解放運動の展開と生活ネットワークの形成」『解放社会学研究』第5号
—— 1994 「病棟環境・雰囲気に対する評価」『精神病院における生活環境と分裂病の陰性症状』ぜんかれん保健福祉研究所モノグラフ9号
—— 1995a 「会話分析の方法」岩波講座現代社会学第3巻『他者・関係・コミュニケーション』
—— 1995b "A Critique of Goffman from the Concept of Power Effects"『山口女子大学社会福祉学部紀要』創刊号
—— 1996a 「アイデンティティ管理のエスノメソドロジー」栗原編, 77-99頁
—— 1996b 「やりとりからわかる——エスノメソドロジーの会話分析法」稲越,川上編著『わかりあう人間関係』福村出版
—— 1997a 「子ども現象のエスノメソドロジー」『児童心理学の進歩1997編版』
—— 1997b 「シュッツ科学論の今日的意味」『社会学史研究』第19号
—— 1997c 「アーティファクトのポリティックス」「教育環境のデザイン」研究分科会『研究報告』第4巻第1号, 日本認知学会
—— 1998a 「クリティークとしてのエスノメソドロジー」『情況』9(1/2)
—— 1998b 「ローカルでポリティカルな知識を求めて」山田・好井編
—— 1998c 「エスノメソドロジーの現在」山田・好井編
——・好井裕明編 1998d 『エスノメソドロジーの想像力』せりか書房
—— 1999a 「セラピーにおけるアカウンタビリティ」小森康永・野口裕二・野村直樹編著『ナラティヴ・セラピーの世界』日本評論社
—— 1999b 「障害学からみた精神障害」石川准・長瀬修編著『障害学への招待』明石書店

―― 1999c 「エスノメソドロジーから見た『言語問題』」『社会言語科学』第2巻，第1号
―― 1999d 「ゴッフマンの精神病院批判と現代的意味」『病院・地域精神医学』第42巻4号
―― 1999e 「会話分析を始めよう」好井裕明・山田富秋・西阪仰編
―― 2000a 「サックスの『社会化論』」亀山佳明・麻生武・矢野智司編『野生の教育をめざして』新曜社
―― 2000b 「自由回答のテキスト分析」『平成9～11年度科学研究費補助金研究成果報告書　研究代表者：鐘ヶ江晴彦　外国人就労者の人権問題に関する社会学的研究』
―― 2000c 「フィールドワークのポリティックス」桜井厚・好井裕明編『フィールドワークの経験』せりか書房
―― 2000d 「シュッツ以降――エスノメソドロジーを中心にして」鈴木広監修『理論社会学の現在』ミネルヴァ書房
山岸健編 1987 『日常生活と社会理論』慶応通信
山口節郎 1982 『社会と意味』勁草書房
山崎敬一 1993 「ガーフィンケルとエスノメソドロジー的関心――リフレクシビティーと社会的組織化の問題」佐藤慶幸・那須壽編著『危機と再生の社会理論』マルジュ社
―― 1994 『美貌の陥穽――セクシュアリティーのエスノメソドロジー』ハーベスト社
――・好井裕明 1984 「会話の順番取りシステム――エスノメソドロジーへの招待」『言語』第13巻第7号，大修館書店
――・佐竹保宏・保坂幸正 1993 「相互行為場面におけるコミュニケーションと権力――〈車イス使用者〉のエスノメソドロジー的研究」『社会学評論』第44巻1号
――・西阪仰編 1997 『語る身体・見る身体』ハーベスト社
安川　一編 1991 『ゴフマン世界の再構成』世界思想社
矢田部圭介 1994 「Working Worldと身体――A．シュッツにおける身体の問題圏」，『現代社会理論研究』4，現代社会理論研究会
要田洋江 1999 『障害者差別の社会学』岩波書店
好井裕明 1988 「常識的推論と差別してしまう可能性――差別発言を

“正当化”する推論構造をめぐって」『解放社会学研究』第2号，日本解放社会学会
—— 1989「確認・糾弾会のストーリー——〈反差別の意志〉を日常生活空間へ痕跡させるプロセス」『解放社会学研究』第3号，日本解放社会学会
—— 1990「〈今―ここ〉から〈今―ここ〉へ——差別問題の社会学的言説の空洞化を越えるために」『解放社会学研究』第4号，日本解放社会学会
—— 1991「解放のネットワークをめぐる分析課題——[共同研究：解放運動の展開過程と障害者の地域自立]——」『解放社会学研究』第5号，日本解放社会学会
—— 1992「『地域自立の現実』と『福祉』的現実のせめぎあい」「ノーマライゼーション研究」編集委員会編『ノーマライゼーション研究　1992年版年報』関西障害者定期刊行物協会
—— 編著 1992b『エスノメソドロジーの現実』世界思想社
—— 1993「『施設』の語りかた——ある知的障害者『施設』長の言説分析から」『現代社会理論研究』第3号，現代社会理論研究会
—— 1994「螺旋運動としてのエスノメソドロジー——“生きられたフィールドワーク”のラディカルな方法として」『社会情報』第3巻第2号，札幌学院大学社会情報学部紀要
—— 1995「『失言』が失言になる瞬間——セクシャルハラスメントを例に」『思想の科学』第29号，思想の科学社
—— 1996「『施設に暮らす障害者』という埋め込まれたメッセージ——あるＴＶドキュメンタリーが強制するカテゴリー化の実践」『解放社会学研究』第10号，日本解放社会学会
—— 1997「からかわれ，さらされる『身体』と『論理』——あるディスコース空間にしくまれ，つくられる性差別現象の解読」『現代思想』第25巻第2号，青土社
—— 1998a「初期エスノメソドロジーの衝撃力」山田・好井編
—— 1998b「社会問題のエスノメソドロジーという可能性」山田・好井編
—— 1998c「現代市民社会の差別問題——分析手法としてのエスノ

メソドロジーの批判的検討」青井和夫・高橋徹・庄司興吉編『福祉社会の家族と共同意識——21世紀の市民社会と共同性：実践への指針』梓出版社
—— 1998d 「差別的日常と〈ウチ／ソト〉意識」池井望・仲村祥一編『社会意識論を学ぶ人のために』世界思想社
—— 1999 「制度的状況の会話分析」好井・山田・西阪編
——・山田富秋・西阪仰編 1999 『会話分析への招待』世界思想社
—— 1999『批判的エスノメソドロジーの語り』新曜社
Zimmerman, D. H. & Pollner, M. 1971 "The everyday world as a phenomenon" in Coulter(ed.), pp.96-137.
---- & West, C. 1975 "Sex roles, interruptions and silences in conversations" in Thorne, B. & Henley, N.(eds.) *Language and Sex: Difference and Dominance*. Newbury House, pp.105-129.
---- (eds.) 1980 *Special Issues: Language and Social Interaction. Sociological Inquiry 50 (3/4)*